UMA VISÃO JUNGUIANA DA TERAPIA FAMILIAR SISTÊMICA

Dados Internacionais de Catalogação na Publicação (CIP)
(Câmara Brasileira do Livro, SP, Brasil)

Boechat, Paula
 Uma visão junguiana da terapia familiar sistêmica / Paula Boechat. – Petrópolis, RJ : Vozes, 2024. – (Coleção Reflexões Junguianas)

Bibliografia
ISBN 978-85-326-6748-9

1. Jung, C. G. (Carl Gustav), 1875-1961 2. Psicologia junguiana 3. Terapia familiar I. Título. II. Série.

24-192579   CDD-155.6

Índices para catálogo sistemático:
1. Terapia familiar : Psicologia 155.6

Eliane de Freitas Leite - Bibliotecária - CRB 8/8415

Paula Boechat

UMA VISÃO JUNGUIANA DA TERAPIA FAMILIAR SISTÊMICA

EDITORA VOZES

Petrópolis

© 2024, Editora Vozes Ltda.
Rua Frei Luís, 100
25689-900 Petrópolis, RJ, Brasil
www.vozes.com.br

Todos os direitos reservados. Nenhuma parte desta obra poderá ser reproduzida ou transmitida por qualquer forma e/ou quaisquer meios (eletrônico ou mecânico, incluindo fotocópia e gravação) ou arquivada em qualquer sistema ou banco de dados sem permissão escrita da editora.

CONSELHO EDITORIAL

Diretor
Volney J. Berkenbrock

Editores
Aline dos Santos Carneiro
Edrian Josué Pasini
Marilac Loraine Oleniki
Welder Lancieri Marchini

Conselheiros
Elói Dionísio Piva
Francisco Morás
Gilberto Gonçalves Garcia
Ludovico Garmus
Teobaldo Heidemann

Secretário executivo
Leonardo A.R.T. dos Santos

PRODUÇÃO EDITORIAL

Aline L.R. de Barros
Marcelo Telles
Mirela de Oliveira
Otaviano M. Cunha
Rafael de Oliveira
Samuel Rezende
Vanessa Luz
Verônica M. Guedes

Conselho de projetos editoriais
Isabelle Theodora R.S. Martins
Luísa Ramos M. Lorenzi
Natália França
Priscilla A.F. Alves

Editoração: Rafaela Milara Kersting
Diagramação: Victor Mauricio Bello
Revisão gráfica: Heloísa Brown
Capa: Editora Vozes
Ilustração de capa: Mandala produzida por uma paciente de Jung e reproduzida por ele em *Os arquétipos e o inconsciente*, vol. 9/1 da Obra Completa. 5. ed. Petrópolis: Vozes, 2007, p. 341, nota 182.

ISBN 978-85-326-6748-9

Este livro foi composto e impresso pela Editora Vozes Ltda.

Para Walter

Sumário

Prefácio, 9

Introdução, 13

Jung, um dos precursores da terapia de família?, 17

A importância dos arquétipos, 33

A violência familiar, 53

Conceitos relevantes da teoria junguiana, 67

O *self* como totalidade e centro da psique, 73

Sincronicidade para Jung, 75

Conceitos relevantes da teoria sistêmica, 79

Articulações de conceitos sistêmicos com a teoria junguiana, 101

Sincronicidade e ressonância, 107

Referências, 113

Prefácio

Walter Boechat

Neste momento, estou percorrendo um caminho não muito comum: o de uma pessoa que prefacia a obra de sua própria mulher. Esse é um lugar que para muitos seria impossível, pois não seria isento. Embora isso, em parte, seja verdade, as vantagens de uma proximidade também são muitas: especialmente a de poder acompanhar de perto a caminhada de Paula desde seus inícios profissionais, em diversos momentos importantes que desembocaram nesta obra agora publicada.

O primeiro momento que contribuiu para o conteúdo deste livro se estabeleceu ainda nos longínquos anos 1970, quando Paula me acompanhou em uma viagem à Suíça para a minha formação como analista junguiano no Instituto C.G. Jung de Zurique. Nessa época, Paula se interessou pelo trabalho de Dora Kalff, a mestra pioneira e fundadora da técnica de terapia pela caixa de areia. Paula já se interessava pelo tratamento de crianças, e a caixa de areia de Kalff seria uma abordagem muito interessante para seu trabalho. Durante dois anos, Paula frequentou a bela casa de Dora Kalff, situada em Zollikon – antigamente, uma pequena aldeia nos arredores de Zurique e, na época em que lá estivemos, um subúrbio da cidade. A casa, construída no século XV e admiravelmente conservada à moda suíça, era um atrativo à parte. Esses momentos marcaram Paula de forma especial: a técnica da caixa de areia viria a ser utilizada por ela na terapia de família e casal com grande criatividade, como está relatado nesta obra.

Logo após nossa volta ao Brasil, em 1979, Paula vivenciou um segundo momento que avivou seu interesse pela terapia de família e casal ao tratar grupos de crianças na Clínica Social de Psicanálise Anna Kattrin Kemper, no Rio de Janeiro. Lá ela percebeu que seria impossível tratar as crianças sem fazer um tratamento também da família, ou da dinâmica dos pais. Paula vivenciou na prática o que Jung já dizia: que o *self* da criança está mergulhado em simbiose no inconsciente familiar no início de seu desenvolvimento. Ela então procurou grupos de estudo e debates sobre terapia de família, a maior parte deles tendo como referência a teoria sistêmica da Escola de Palo Alto, na Califórnia, dentro de uma vertente psicanalítica.

Finalmente um terceiro momento na sistematização das teorias de terapia de família e casal para Paula foi constituído por uma formação específica no assunto, oferecida pelo curso de Moises Groisman, com duração de 1987 a 1990. Novos conceitos foram aprendidos, novas sistematizações foram organizadas, e Paula se aprofundou mais e mais no tema, começando a fazer conexões importantes com os conceitos junguianos de individuação, sombra e inconsciente coletivo. Na monografia de conclusão do curso de formação, Paula desenvolveu uma nova técnica terapêutica, articulando a técnica de escultura psicodramática de Kantor com a técnica de caixa de areia de Kalff.

Em 1990, quando Paula terminou sua formação de analista junguiana pela Sociedade Brasileira de Psicologia Analítica (SBPA), sua monografia de conclusão teve como tema: "Relações entre a Terapia Familiar Sistêmica e a psicologia de Jung" – um trabalho com novos aprofundamentos e novas reflexões sobre o assunto.

Um momento bastante significativo na trajetória intelectual e profissional de Paula aconteceu no Congresso da International Association of Analytical Psychology (IAAP) em Zurique, na Suíça, em 1995. Nesse evento, Paula pôde apresentar de forma muito consistente suas reflexões sobre a teoria sistêmica de terapia de família e a teoria junguiana. Pelo que sabemos, Paula foi uma das primeiras teóricas junguianas a construir essas pontes, e a palestra dela figura nos anais do Congresso de 1995, constituindo um avanço importante nessa área teórica.

Posteriormente, Paula levou suas reflexões originais para o meio acadêmico. Em 2001, sob orientação da professora Terezinha Féres-Carneiro, ela concluiu o mestrado em Psicologia Clínica na Pontifícia Universidade Católica do Rio de Janeiro (PUC-Rio), tendo como tema as relações entre a Terapia Familiar Sistêmica e a Psicologia Analítica. Sua dissertação de mestrado serviu de base para a publicação, em 2005, do livro *Terapia familiar: mitos, símbolos e arquétipos*, pela Editora Wak, com novas edições em 2007 e 2011. O presente livro é uma continuação do anterior, com expansões conceituais e novas abordagens.

Por este relato sucinto, pode-se perceber a caminhada teórica de Paula no tocante ao tema deste livro. Uma construção constante e bem trabalhada, uma costura meticulosa num caminhar no qual a vida da autora desempenha um papel fundamental, já que a família constitui um significante importante em seu processo existencial.

Rio de Janeiro, 20 de dezembro de 2023.

Introdução

Este texto é uma tentativa de articular a Teoria Familiar Sistêmica com a Teoria da Psicologia Analítica de C.G. Jung e descreve um duplo interesse na prática clínica. A partir do trabalho em consultório com pacientes individuais, fui percebendo – cada vez com maior clareza – o quanto os indivíduos precisam ser compreendidos dentro do referencial do lugar que ocupam no sistema familiar. Passei, então, a trabalhar também com famílias e casais, e senti que a visão junguiana – com a riqueza de seus parâmetros simbólicos – tinha muito a acrescentar ao enfoque sistêmico. Em função de ter buscado uma dupla formação – em Psicologia Analítica e em Terapia Familiar Sistêmica –, pude perceber paralelos importantes entre os dois campos teóricos.

Carl Gustav Jung nasceu em 1875 em Kesswill, na Suíça. Formou-se em Medicina em 1900 e especializou-se em psiquiatria no Hospital Burghölzli, em Zurique. Colaborou com Freud entre 1907 e 1913, quando, então, houve o rompimento da profunda amizade que os unia. Depois de um período de isolamento, Jung lançou uma teoria própria, chamada Psicologia Analítica. Ele iniciou a exploração da psique humana no texto "Sobre a psicologia e patologia dos fenômenos chamados ocultos" (OC 1), publicado em 1901, no qual descreve psicologicamente o mundo interno de uma médium. Jung partiu, então, para a pesquisa dos complexos inconscientes através do teste de associação de palavras e pesquisou a fundo os delírios de psicóticos, os sonhos de pacientes, as mitologias e as histórias das religiões, trazendo-nos a noção dos arquétipos e do inconsciente coletivo. A partir dali, surgiu a ideia de uma estrutura supraordenada – o *self* – que conduziria o processo de desenvolvimento psíquico do indivíduo e sua melhor adaptação ao meio ambiente e ao seu mundo interno, o processo de individuação. O *self* traz finalidade para os processos psíquicos. Posteriormente, Jung formulou a noção de sincronicidade, influenciado pelos avanços da física moderna e pelo pensamento oriental. A sincronicidade seria um princípio de conexão não causal para explicar a ocorrência de certos fenômenos.

Para falar da teoria sistêmica, podemos afirmar que os autores das escolas sistêmicas em terapia de família (Bateson, Watzlawick, Beavin e Jackson) foram muito influenciados pela cibernética e pela teoria geral dos sistemas (Bertalanffy, 1968). De início, estudou-se com muita ênfase a comunicação, e, desses estudos, destacam-se dois pontos fundamentais: a) todo comportamento comunica algo; e b) qualquer comunicação implica um envolvimento e, portanto, define a relação (Féres-Carneiro, 1996).

A partir desses estudos da comunicação humana – inicialmente desenvolvidos em famílias de psicóticos –, a terapia familiar evoluiu muito, passando pelo estudo de famílias menos comprometidas e chegando a conceber o sistema não mais como algo isolado a ser estudado, mas como alguma coisa da qual o próprio terapeuta faz parte (Teoria Sistêmico-construtivista).

A busca empreendida por Jung e aquela dos sistêmicos ocorreram em épocas e situações bastante diversas, apesar de chegarem a pontos de vista muito semelhantes. Cada vez fica mais claro para mim que as semelhanças entre as linhas de terapia são muito mais responsáveis pelas mudanças que ocorrem nos pacientes do que as diferenças entre elas. Quando examinamos a fundo as correntes de psicoterapia, encontramos cada vez mais pontos de vista e abordagens comuns. O modelo terapêutico tem muito mais importância para o terapeuta, que vai se identificar com uma determinada abordagem teórica e ter maior facilidade com a técnica. É também o terapeuta quem – acreditando em sua forma de trabalhar – vai mobilizar uma expectativa positiva e uma esperança no paciente. Todas as linhas teóricas, no meu entender, devem ser – a todo o momento e sempre que possível – avaliadas no trabalho clínico e observadas em seus resultados. A relação entre a teoria e a prática deve ser uma relação viva. O ser humano, como ser vivo, está sempre em mudança, bem como sua psicologia. A minha intenção aqui não é sugerir alterações dentro do corpo teórico junguiano ou da teoria sistêmica; muito menos desejo propor um ecletismo de várias correntes psicoterápicas. Pretendo, neste livro, pesquisar as articulações entre essas duas teorias e trazer ilustrações com recortes clínicos relevantes.

Tenho como objetivo, assim, ressaltar que o modo de pensar junguiano e o modo de pensar sistêmico não se excluem mutuamente, mas se complementam. E, tendo em vista essa possível complementaridade, pretendo destacar sua relevância para a prática clínica.

Jung, um dos precursores da terapia de família?

Assim que se formou em Medicina, Carl Gustav Jung foi trabalhar com Eugen Bleuler no Hospital Burghölzli (em Zurique), do qual Bleuler era diretor. Naquela época, Jung havia lido o recém-publicado livro de Sigmund Freud, *A interpretação dos sonhos* (1900), e iniciou-se, então, uma série de encontros pessoais e correspondências entre os dois, quando Jung teve a oportunidade de se revelar grande colaborador de Freud. Nesse período – entre 1904 e 1911 –, seguindo uma tendência da psiquiatria, passou-se a utilizar o teste de associação de palavras criado por Wilhelm Wundt. A intenção básica desse teste era provar que as ideias se associavam na mente por semelhança, contraste, contiguidade. Uma palavra-estímulo era dita pelo examinador, e, com o tempo de resposta cronometrado, a pessoa deveria responder com a primeira palavra que lhe ocorresse.

Kraepelin, com o teste, trouxe a distinção entre associações internas – que tinham ligação com o significado das palavras – e externas – que estavam relacionadas com as formas do discurso e com os sons. Ele notou também que a febre, a embriaguez ou o cansaço alteravam as respostas. Ziehen deu um grande passo quando descobriu que o tempo de reação se alongava quando a palavra proposta continha uma conotação desagradável para o sujeito. Reunindo, então, várias respostas com tempo de reação prolongado, percebeu que se poderia chegar a uma representação comum subjacente, que ele denominou de complexos de representações emocionalmente carregadas (Ellenberger, 1974).

Jung passou a utilizar o teste de associação de palavras para pesquisar fenômenos inconscientes e, de tal forma, corroborar as recentes descobertas de Freud. Em colaboração com seus colegas (Bleuler, Wehrlin, Ruerst, Binswanger, Nunberg e Riklin), Jung adaptou o teste de associação de palavras. Escolheram, a princípio, quatrocentas palavras-estímulo: algumas do cotidiano e aparentemente mais neutras (como "mesa" e "pão") e outras mais provocadoras (como "brigar" e "acariciar"). Mais tarde, esse número foi reduzido para cem palavras. O teste consiste em uma série de palavras-estímulo que são ditas pelo observador. O indivíduo testado, a cada palavra-estímulo, deve pronunciar uma palavra-resposta. O tempo transcorrido para responder é cronometrado, e a resposta é anotada. Tudo é observado: a demora para responder, os lapsos, o gaguejo, o bloqueio em responder, a repetição das respostas, as respostas com rima, o esquecimento da palavra-estímulo etc.

Jung, em 1906, percebeu que certas respostas eram indicadoras de perturbações, porque a palavra indutora havia tocado algum conteúdo emocional. Esses conteúdos eram os complexos. Ao solicitar às pessoas testadas que fizessem associações com esses agrupamentos de palavras-estímulo que haviam demonstrado perturbações nas respostas, elas eram capazes de chegar a descrever situações vividas no passado com grande carga emocional. As palavras-estímulo, portanto, haviam tocado conteúdos inconscientes responsáveis pelas perturbações na consciência.

Segundo Silveira (1968):

> Os complexos são agrupamentos de conteúdos psíquicos carregados de afetividade. Compõem-se primariamente de um núcleo possuidor de intensa carga afetiva. Secundariamente estabelecem-se associações com outros elementos afins, cuja coesão em torno do núcleo é mantida pelo afeto comum a seus elementos. Formam-se assim verdadeiras unidades vivas, capazes de existência autônoma. Segundo a força de sua carga energética, o complexo torna-se um ímã para todo fenômeno psíquico que ocorra ao alcance de seu campo de atração (p. 35).

O estudo estatístico desses testes, com a determinação dos complexos patológicos dos indivíduos, relacionando-os a seus sintomas e sua história de vida, pôde comprovar a existência do psiquismo inconsciente descrito por Freud. Os complexos, portanto, se originarão a partir de alguma experiência dolorosa de vida.

Para Bleuler, o paciente esquizofrênico era incapaz de associar. Jung pesquisou o teste com pacientes esquizofrênicos e histéricos graves e pôde concluir que mesmo os portadores de demência precoce (nome dado à esquizofrenia naquela época) eram capazes de responder ao teste com associações, mas demonstravam a existência de complexos fixos, impossíveis de serem transformados.

Em 1904, Jung estudou a fundo o caso de um esquizofrênico de sessenta anos de idade, com vinte anos de internação psiquiátrica, e que sofria de alucinações e ideias delirantes – à primeira vista, totalmente incoerentes. Utilizou como palavras-estímulo algumas que pareciam pertencer ao repertório delirante do paciente e, então, veio a identificar muitos complexos que exprimiam, de forma sistemática, um desejo de compensação para a situação consciente dele.

Cinco anos depois, em 1909, Jung escreveu um ensaio intitulado "A constelação familiar", texto no qual ele analisa os resultados dos testes de associação de palavras que foram aplicados a elementos de várias famílias. O autor observou que havia associações muito semelhantes entre indivíduos da mesma família, principalmente entre crianças e seus pais. Segundo Jung:

> A desarmonia latente entre os pais, uma preocupação secreta, desejos secretos e reprimidos, tudo isso produz na criança um estado emocional, com sinais perfeitamente reconhecíveis que devagar, mas segura e inconscientemente, vai penetrando na psique dela, levando às mesmas atitudes, e, portanto, às mesmas reações aos estímulos do meio ambiente [...]. Tudo é retratado inconscientemente na criança, mesmo coisas das quais nunca se falou (OC 2, § 1007).[1]

Portanto, podemos notar que aqui Jung chama atenção para o contágio psíquico como outra possível fonte de complexos. Esse contágio psíquico e essas influências cruzadas atualizadas no relacionamento cotidiano levaram os indivíduos testados a padrões de relação bastante semelhantes. Tais estudos vieram confirmar os achados de Freud, que já havia demonstrado a influência dos pais na formação da neurose dos filhos. Jung observou que os casos em que as respostas eram muito semelhantes estavam apontando para uma indiferenciação psíquica, e indicavam sujeitos mais predispostos a problemas psíquicos, mas que, pelo fato de estarem sob a influência dos demais, se viam menos ameaçados de conflitos com o grupo.

De acordo com Jackson (1968): "O psiquiatra (ou o terapeuta) deve poder ver o paciente como uma força dinâmica em interação com outras pessoas, nunca como um doente isolado" (p. 11).

---

1. Em todos os volumes das Obras Completas (OC) de Jung, as indicações são feitas em parágrafos (§). É uma forma de facilitar a localização do texto citado, independentemente do idioma ou da edição do livro em questão.

Jackson (1959), Haley (1963) e, depois, Watzlawick *et al.* (1967), pioneiros da pesquisa em terapia familiar, chegaram a afirmar que a "complementaridade" entre os cônjuges seria um fator necessário à estabilidade das relações. Porém essa afirmação – mesmo podendo, em alguns casos, ser verdadeira – termina por demonstrar um sacrifício das individualidades em favor de noções de casamento e família exigidas pela sociedade. Jung, em seu livro *A vida simbólica*, diz:

> A individuação retira a pessoa da conformidade pessoal e, com isso, da coletividade. Esta é a culpa que o individualizado deixa para o mundo e que precisa tentar resgatar. Em lugar de si mesmo precisa pagar um resgate, isto é, precisa apresentar valores que sejam um equivalente de sua ausência na esfera coletiva e pessoal. Sem esta produção de valores, a individuação definitiva é imoral e, mais do que isto, é suicida [...]. A individuação é exclusivamente adaptação à realidade interna e, por isso, um processo "místico". A expiação é a adaptação ao mundo externo. Ela deve ser oferecida ao meio ambiente com o pedido de que seja aceita (OC 18/2, § 1095).

Com essa afirmação, Jung chama a nossa atenção para o fato de que temos de buscar nosso processo de individuação, mas precisamos também estar de acordo com alguns ditames da coletividade. Compreendo, pelas suas afirmações, que é nossa obrigação nos fazermos entender pelas pessoas (para sermos aceitos) na nossa maneira única de ser e de nos relacionar. Só dessa forma estaremos produzindo valores e continuaremos trilhando um caminho de individuação.

Para trabalharmos em psicologia profunda, é muito importante que estejamos sempre atualizados com as mudanças no comportamento das famílias, para estarmos também a par das mudanças no "inconsciente cultural" (Henderson, 1990) e não incorrermos no risco de estimular uma forma de individuação que possa levar nossos pacientes a uma inadaptação ao mundo e à época em que vivem, a um isolamento egoísta e, segundo Jung, a uma inadaptação até mesmo autodestrutiva.

Por exemplo, muitos casais procuram a terapia por problemas no relacionamento. Esses problemas vão se tornar evidentes nas queixas: a sexualidade está difícil (falta de interesse, traições), ou a comunicação afetiva (falta de solidariedade, de amor, de cumplicidade). Em geral, nos casamentos – assim como nas relações familiares –, os problemas eclodem quando alguém muda sua forma de conceber a vida e as relações, e o outro – ou os outros – não entende, não acompanha, ou não consegue "focar" e priorizar um olhar para a mesma direção.

É exatamente sobre isso que fala o conceito de "coindividuação" e de "coevolução", de Simon (1983), e o conceito de "individuação relacionada", de Simon (1984). Esses conceitos explicam a capacidade de cada indivíduo em seguir a própria trajetória de vida, buscando cada vez mais sua verdadeira identidade, prosseguindo em seu processo de individuação, apesar de continuar se relacionando dentro da família, e sem deixar de respeitar e de tentar entender a busca do outro no casamento ou dos outros no relacionamento com os membros da família e, depois, com o coletivo mais ampliado.

Como nos definem Simon, Stierlin e Wynne (1985):

> A individuação relacionada é um conceito que foi desenvolvido pelo Instituto de Terapia Familiar de Heidelberg, quando pesquisavam a dinâmica das famílias [...]. Ela (a individuação relacionada) se refere à habilidade em diferenciar o mundo interno de cada um em sentimentos, necessidades, expectativas, percepções internas e externas, claramente articulados. Esse mundo interno altamente diferenciado precisa ser demarcado do mundo externo, particularmente com relação a ideias, ne-

cessidades, expectativas e demandas dos outros. A habilidade de adquirir uma definição e uma demarcação de si-mesmo é especialmente importante e, ao mesmo tempo, colocada à prova em relações humanas que são caracterizadas por/ou baseadas em proximidade e empatia (p. 196 – tradução minha).

Se as diferenças individuais não puderem ser compreendidas, a comunicação dentro da família ficará difícil. Nos casos em que esse relacionamento esteja muito comprometido ou, por exemplo, num casamento, se o casal não puder aceitar a ideia de separação, as mágoas se acumularão, o casal tentará "continuar casado", e um dos filhos, em geral, apresentará um sintoma mais ou menos grave (desde dificuldades na escolaridade até anorexia, automutilação ou mesmo uma psicose). O casal "aceita", então, esse sacrifício de um dos filhos e continua casado, agora unido pelo sofrimento de um membro que precisa muito de sua atenção e de seus cuidados. Esse seria o *paciente identificado* da família.

Jung observou que o inconsciente se modela pelas relações existentes no ambiente familiar, e que o que tem o efeito mais poderoso não é o que provém da consciência, mas sim do inconsciente. Segundo ele:

> Via de regra, o fator que atua psiquicamente de um modo mais intenso sobre a criança é a vida que os pais ou antepassados não viveram (pois se trata de fenômeno psicológico atávico do pecado original). Essa afirmação poderia parecer algo de sumário e artificial sem esta restrição: essa parte da vida a que nos referimos seria aquela que os pais poderiam ter vivido se não a tivessem ocultado mediante subterfúgios mais ou menos gastos. Trata-se, pois, de uma parte da vida que – numa expressão inequívoca – foi abafada talvez com uma mentira piedosa. É isto que abriga os germes mais virulentos.

> Por isso, os pais por sua vez deverão ser vistos como filhos dos avós. A maldição dos átridas não é nenhum palavreado oco (OC 17, §§ 87-88).

Na Grécia Antiga havia duas noções importantes: a de hamartia e a de genos. Hamartia vem do verbo *hamartáein*, que quer dizer "errar o alvo", "errar", "cometer uma falta". Genos pode ser traduzido por "descendência", "família", "grupo familiar", "pessoas ligadas por laços de sangue". Se houver uma hamartia cometida por um genos contra outro genos, aparecerá a necessidade de vingança. Da mesma forma, se a hamartia ocorrer dentro do próprio genos, o parente próximo deverá vingar-se. Isso porque, de acordo com Brandão (1986), no sangue derramado está uma parcela de seu sangue e, por analogia, uma parcela da alma do genos todo.

Brandão (1986) também nos fala:

> A essa ideia do direito do genos está indissoluvelmente ligada a crença na maldição familiar, a saber: qualquer hamartia cometida por um membro do genos recai sobre o genos inteiro, isto é, sobre todos os parentes e seus descendentes [...] (p. 77).

A maldição da casa dos Átridas, à qual Jung se refere, corresponde a um erro, uma hamartia de Tântalo, rei da Frígia, cometida contra a amizade e a confiança depositada nele pelos deuses do Olimpo. Para testar a onisciência dos olímpicos, Tântalo sacrificou seu filho Pélops e ofereceu-o como alimento aos deuses em um banquete. O rei foi punido por isso e jogado no Tártaro, condenado à fome e à sede eternas.

Mais tarde, Níobe, filha de Tântalo, repetiu o destino de seu pai. Ela teve catorze filhos e, muito orgulhosa de seus sete meninos e suas sete meninas, gabava-se de sua superioridade em relação a Leto, que tivera somente um casal de filhos (os deuses Apolo e Ártemis) com o deus máximo do Olimpo, Zeus. Os filhos de Níobe foram todos mortos: os meninos, por Apolo; e as meninas, por Ártemis.

Pélops foi recomposto e trazido à vida pelos deuses. Ele se casou com Hipodâmia, tendo como filhos Atreu, Tiestes e Crisipo. Atreu e Tiestes se uniram para assassinar Crisipo. Por circunstâncias do mito, coube a Atreu e a Tiestes o trono de Micenas. Não conseguindo fugir ao padrão de luta pelo poder, muito menos escapar do destino trágico ao qual a hamartia original os condenara, Atreu e Tiestes disputaram o trono. Várias traições e assassinatos ocorreram em série, até chegarmos aos descendentes de Atreu: Agamemnon e Menelau.

Agamemnon, para conseguir Clitemnestra como esposa, matou o marido dela e um filho recém-nascido. Desse casamento contra sua vontade, Clitemnestra deu à luz três filhos: Ifigênia, Electra e Orestes.

Menelau, irmão de Agamemnon, por sua vez, teve a esposa Helena sequestrada por Páris, filho do rei de Troia. Ele, então, pediu a ajuda de Agamemnon para a famosa guerra dos gregos contra os troianos e para recuperar Helena.

Os gregos reuniram sua armada em Áulis para se dirigirem a Troia. Agamemnon, desrespeitando a deusa Ártemis, matou sua corça sagrada. Como vingança, Ártemis parou todos os ventos, impedindo as naus de zarparem, e exigiu em sacrifício a morte de Ifigênia, filha de Agamemnon e Clitemnestra. Os barcos partiram rumo a Troia, mas, quando Agamemnon retornou vitorioso, foi assassinado pela mulher, Clitemnestra. Mais tarde, a morte dele foi vingada pelo filho Orestes, que assassinou a própria mãe.

Ainda na mitologia grega, vemos exemplos de hamartia na família dos Labdácidas, quando se encontra com um dos Átridas.

Segundo Brandão (1991):

> Com a morte prematura de Lábdaco, seu filho Laio, por ser ainda muito jovem, não pôde assumir as rédeas do governo da Beócia. Assim, Lico tornou-se regente, mas, desta feita, por pouco tempo, porque foi assassinado pelos sobrinhos Zeto e Anfião. Com a morte violenta do tio, o futuro rei de Tebas (Laio) fugiu da cidade e buscou asilo na corte de Pélops, o amaldiçoado filho de Tântalo (p. 28).

Laio, porém, desrespeitou a hospitalidade de Pélops quando raptou Crisipo – filho jovem de seu anfitrião – e teve relações sexuais com ele. Pélops então expulsou Laio de seu reino, e Crisipo se suicidou.

Se olharmos com atenção para esse relato mítico, podemos inferir que Crisipo, ainda bem jovem, foi "abusado sexualmente" por Laio, e, como é comum acontecer, deprimiu-se, sentiu-se também culpado e terminou por se suicidar.

Em atendimentos psicoterápicos, é muito comum termos conhecimento de abusos sofridos por pacientes, principalmente quando ainda jovens. Por vergonha e medo de ter alguma culpa na sedução de seu abusador, muitos se calam sobre o ocorrido durante vários anos. Frequentemente a criança foi em busca de carinho, mas recebeu uma estimulação sexual, foi sexualmente "bolinada" ou mesmo acabou sendo vítima de um ato sexual cometido por um adulto ou uma pessoa mais velha. Sem entender direito o que ocorreu, a criança fica confusa, fechada, triste. Existe também, infelizmente, uma tendência do abusado se tornar abusador mais tarde, fazendo uma identificação com o agressor. Essa hamartia dos Labdácidas (Laio, filho de Lábdaco) vai se misturar com a hamartia dos Átridas.

Na tragédia da família dos Átridas, podemos ver como os filhos não só repetem – muitas vezes, inconscientemente – os erros dos pais, como também se veem presos em emaranhados de relações familiares não resolvidas e terminam por pagar pelos erros de seus pais, avós e antepassados. Jung está chamando a nossa atenção para uma contaminação psíquica que passa de geração para geração:

> A conclusão importante que daí surge para todo aquele que se interessa pelo conhecimento teórico é que, via de regra, as reações mais fortes sobre as crianças não provêm do estado consciente dos pais, mas de seu fundo inconsciente (OC 17, § 84).

Nos atendimentos de família, podemos observar com bastante clareza como acontecem esses encadeamentos de desgraças, ou como se perpetua, por gerações, essa hamartia do genos.

Certa vez, atendi em análise uma paciente chamada Maria. Sua história familiar era bastante difícil. Os pais tinham uma relação conjugal muito complicada. Moravam todos, durante sua infância e sua adolescência, num casarão grande, e era permitido ao pai levar as amantes para casa. A mãe, em contrapartida, pelo desrespeito do marido, era muito autoritária, rude e pouco amorosa com os filhos, a quem tratava quase como escravos. Esse casal teve cinco filhos: dois homens e três mulheres. Uma das mulheres, a mais jovem, nasceu com uma deficiência intelectual grave, e a irmã mais velha optou por dedicar sua vida aos cuidados com a mais nova.

Minha paciente, que era a filha do meio, foi vítima de abuso sexual por um dos irmãos, aos dez anos. Esse irmão, anos mais tarde, numa briga de bar, recebeu um tiro no rosto e ficou cego. O outro irmão foi trabalhar com o pai e acabou enganando a todos, dando um grande desfalque na empresa.

Maria casou-se e saiu da cidade onde habitava, indo residir no Rio de Janeiro. Chegou à terapia por causa de crises de pânico, que coincidiram com o diagnóstico de sua primeira gravidez. No decorrer da terapia, a paciente relatou um sonho que muito a havia assustado, no qual ela via quando uma serpente pulava em seu seio e o picava.

Suas crises de pânico certamente tinham muitas conexões com o medo de ter um filho, de assumir de fato sua família. A experiência de família que Maria havia tido era muito destrutiva e, possivelmente, ela tinha medo de repetir as tragédias da família ancestral em sua família atual.

Era necessário que pudéssemos trabalhar em análise seus conflitos e medos, para que Maria se sentisse aliviada e pudesse enfrentar a gravidez com mais coragem e alegria. No entanto, seu sonho era a repetição do sonho de Clitemnestra. Na tragédia grega (*Oréstia*, de Ésquilo), que narra a sina da família dos Átridas, existe o relato de um sonho que a rainha Clitemnestra tivera. No sonho, ela percebe que uma cobra lhe pica o seio. Pouco depois do sonho, ela é assassinada por Orestes, seu filho. A serpente que pica o seio está representando a traição e o desejo de morte do filho que ali foi alimentado.

No sonho de Maria, a mesma imagem aparece e coincide com o início das crises de pânico. Talvez ela se sentisse culpada em abandonar a família de origem – principalmente a mãe e as irmãs, expostas àquele masculino destrutivo representado pelo pai e pelos irmãos.

Assim como Clitemnestra assassinara o marido Agamemnon e depois viria a ser morta pelo próprio filho Orestes, Maria se sentia abandonadora e assassina da família ancestral, e tinha medo de sofrer as consequências no nascimento do filho: medo de ser traída pelo filho, como Orestes tinha traído a mãe. Estava impregnada pela maldição familiar, mesmo morando bem longe de todos.

Orestes, após assassinar a mãe Clitemnestra, foi perseguido e enlouquecido pelas Erínias, as vingadoras do sangue familiar derramado. Na tragédia, ele só é salvo quando, no julgamento a que é submetido pelo assassinato da mãe, recebe o voto de perdão de Atena, que decide a votação. Atena, como deusa da sabedoria, consegue o perdão para Orestes e transforma as Erínias em Eumênides (as benfazejas).

Então para que a paz possa reinar na mente de Maria, é necessário o perdão de uma deusa sábia como Atena. Maria deve conseguir, através da análise, se desidentificar sem culpa das figuras terríveis da sua família de origem. Ela deve permitir que as Erínias se transformem em Eumênides – isto é, que o que existir de mágoa, rancor, raiva e desejo de vingança possa ser transformado em um pouco de paz e alegria para que seu bebê possa nascer num ambiente tranquilo e para que a maldição familiar seja interrompida.

Outro exemplo terrível de hamartia familiar pode ser observado no caso da família Kennedy. O desafio aos deuses seria a ambição desmedida dos pais, Joseph Kennedy e Rose Fitzgerald: ambição por poder político e financeiro. Eles prepararam o primogênito, Joseph, para ser presidente dos Estados Unidos da América. Como infelizmente esse filho morreu quando seu avião foi abatido na Segunda Guerra Mundial, destinaram o filho John Fitzgerald Kennedy para cumprir essa ambição familiar. John, como se sabe, foi assassinado em Dallas, no Texas, enquanto era presidente. Pouco depois, seu irmão mais jovem, Robert, em campanha política, também foi assassinado. Edward, o próximo na lista de aspiração ao poder maior na política dos Estados Unidos, voltando de uma festa embriagado, caiu com seu carro num rio, tendo tempo de se salvar, mas não prestando socorro à sua secretária e amante, que morreu afogada. Nessas circunstâncias, Edward viu suas aspirações políticas à presidência se reduzirem dramaticamente.

Nesse meio tempo, a viúva de John Kennedy casou-se com Aristóteles Onassis, o milionário armador grego. E, dessa forma, como veremos a seguir – e como vimos nas famílias dos Átridas e dos Labdácidas –, as hamartias dos dois genos se entrecruzam.

Onassis, como se sabia, havia se casado primeiramente com Tina Livanos, cuja irmã havia se casado com Stavros Niarchos. Onassis e Niarchos eram armadores, ou seja, construtores de navios, além de grandes competidores. Com Tina Livanos, Onassis teve dois filhos: Cristina e Alexandre. Tina Livanos suicidou-se; Alexandre faleceu num acidente de helicóptero; e Onassis, em função da perda de seu filho predileto, desenvolveu uma doença chamada distrofia muscular progressiva, que o levou à morte. Alguns anos mais tarde, Cristina morreu de overdose de drogas, deixando como única herdeira uma filha ainda pequena, Atina.

Atina foi criada pelo pai, que já era divorciado da mãe quando esta faleceu, e pela esposa dele junto a seus meios-irmãos. Depois que atingiu a maioridade e pôde ter o controle de seus bens, Atina deixou grande parte de sua fortuna para instituições de caridade e guardou para si o necessário para ter uma vida confortável. Renunciou à ambição desenfreada e ao orgulho de seus ancestrais e – talvez por influência de seu nome, como a deusa da sabedoria, Atena – se deu uma chance de viver em harmonia, interrompendo a maldição familiar.

Enquanto foi casado com Jacqueline Kennedy, Onassis voltou a procurar por Maria Callas, famosa cantora de ópera, que foi sua fiel companheira durante mais de vinte anos. Callas tinha sido abandonada por Onassis quando este resolveu conquistar a viúva mais cobiçada do mundo. Parece que o casamento com Jacqueline, na realidade, representou, para Onassis, uma ascensão no cenário mundial, enquanto, para Jacqueline, a conquista foi econômica, como rezava o contrato nupcial que assinaram.

Na realidade, a desdita da família Kennedy se misturou com a da família Onassis, com desgraças e mortes de ambos os lados. O filho de Jacqueline e John, chamado por todos de John-John, faleceu num acidente de avião que ele mesmo pilotava, sem experiência para tanto.

Como na mitologia grega, podemos ver exemplo de hamartia na família dos Labdácidas, quando se encontra com um dos Átridas. Como se talvez essa maldição pudesse facilitar o encontro de famílias com maldições semelhantes.

Para entender agora uma situação menos trágica, mas que mostra a influência inconsciente dos pais e dos avós sobre os descendentes, posso relatar o caso de uma criança de dez anos que atendia em terapia individual. Em uma sessão de ludoterapia, brincávamos de "jogo da velha", e notei que ele se enfurecia cada vez que o jogo empatava, isto é, "dava velha". Preferia até perder, mas não queria que "desse velha". Percebi com isso a alusão que fazia a seu problema. Ele havia sido encaminhado para a terapia por dificuldades na escolaridade. Seus pais trabalhavam durante todo o dia, e ele era obrigado a ficar a maior parte do tempo com a avó materna. É claro que preferia "perder" no jogo – isto é, ser visto como mau aluno, ter dificuldades de aprendizado – do que deixar a avó ganhar na competição com seus pais pela sua educação. A avó havia sido professora, e tirando notas baixas ele tentava provar para os pais que a avó não era a melhor escolha como educadora para ele.

Resolvi, então, chamar os pais e a avó para uma sessão de família. Nessa sessão ficou evidenciado por que os pais não tinham tempo para dar ao filho. Essa avó era uma pessoa muito autoritária, tinha tido uma relação muito difícil com o falecido marido e, em função dessas dificuldades, ligou-se muito simbioticamente à única filha (nunca saberei se o que surgiu primeiro foi a simbiose com a filha ou a dificuldade com o marido, mas, de qualquer maneira, uma questão está muito vinculada à outra). Casando-se, a filha entregou à mãe o próprio filho, como substituto, numa tentativa de romper a relação simbiótica com ela. Assim, a filha acabou por repetir com o marido a relação que havia tido com a mãe, não admitindo a entrada de um terceiro – que, no caso, seria o filho. Com a dificuldade escolar e afetiva, o menino reclamava uma relação mais sadia dentro da família.

Em meu consultório, a hamartia pode ser percebida como os sintomas que os filhos ou descendentes apresentam quando existe uma falta cometida pelos pais ou ancestrais, e que lhes é comunicada inconscientemente.

A importância dos arquétipos

Os arquétipos são padrões de representação psicológica. Da mesma forma que existem os instintos, existem predisposições inatas na raça humana para construir representações semelhantes. O arquétipo em si não é perceptível, só por meio de sua representação pela imagem arquetípica, a qual é composta pelo núcleo arquetípico acrescido de conteúdos da consciência, que vão torná-lo representável para nós. A ideia dos arquétipos nos faz compreender por que existem temas comuns em mitos, lendas, histórias de religião, sonhos de pacientes ou delírios de psicóticos. Esses arquétipos se localizam no inconsciente coletivo, assim chamado porque é comum a toda a raça humana.

Os complexos, como vimos, vão se formar a partir das experiências vividas pelo indivíduo em sua relação com o meio ambiente e a família. No entanto, além desses aspectos mais individuais da experiência de cada pessoa, existe um núcleo em cada complexo, no qual podemos encontrar o arquétipo. Por exemplo, no pano de fundo de nosso complexo materno, existe o contato com nossa mãe pessoal, a percepção de outras relações maternas, mas também uma ideia sobre o que é ser mãe. Alguma coisa que dificilmente conseguiríamos definir em termos práticos, que extrapola a relação com a mãe pessoal e que, ao mesmo tempo, marca profundamente essa relação, criando distorções na apreensão de seu significado.

Existem matrizes que organizam a forma como percebemos o real e correspondem aos arquétipos. Conforme Jung afirma:

> É que por trás de cada pai determinado está sempre a figura eterna do pai, e por trás da atuação passageira de uma mãe real se encontra a figura mágica da mãe absoluta. Esses arquétipos da alma coletiva, cujo poder se acha glorificado nas obras imortais da arte ou nas ardentes profissões de fé das religiões, são também as potências que dominam a alma infantil pré-consciente e, ao serem projetadas, conferem aos pais humanos um fascínio que muitas vezes atinge quase o infinito em grandeza (OC 17, § 97).

Essas percepções ocorrem não apenas em relação às figuras parentais, mas também a todas as experiências psíquicas, como se os arquétipos estivessem no pano de fundo de todas elas. Para formular a hipótese dos arquétipos e do inconsciente coletivo, Jung se ocupou de anotar delírios de psicóticos, seus próprios sonhos e sonhos de pacientes, reconhecendo vários temas comuns.

Certa vez anotou o delírio de um psicótico que afirmava que havia um falo no sol e que, ao mover a cabeça de um lado para o outro, olhando para o sol, o falo do sol se movia também, dando origem aos ventos. Quatro anos mais tarde, foram traduzidos do grego arcaico textos recém-descobertos por arqueólogos. Esses textos traziam o relato de visões dos adeptos da religião de Mitra. Jung se surpreendeu com a descrição de um tubo que saía do disco solar e do qual se originavam os ventos. A coincidência entre os dois relatos era impressionante. Esse paciente não poderia ter tido acesso aos textos, uma vez que a publicação deles ocorreu anos após o encontro com Jung. Esse é um exemplo de situação arquetípica. O psicótico, pela fragilidade egoica, está mais "mergulhado" no inconsciente coletivo, trazendo temas arquetípicos e vivenciando-os em seus delírios.

Um outro exemplo de arquétipo seria o do herói. Podemos encontrar essa imagem arquetípica em todos os mitos, as lendas e as religiões, mas também podemos experimentá-la em nossa psique quando nos vemos expostos a uma situação ameaçadora para a sobrevivência física. O psicótico, sem um ego que possa filtrar a energia que é trazida pelos arquétipos, se vê invadido pelas imagens arquetípicas, que o desorientam e o fazem se identificar, muitas vezes, com figuras heroicas da cultura, como Napoleão, Jesus Cristo etc. Segundo Jung, no nascimento só existe o inconsciente coletivo, e é dele que surge o ego. A criança – ainda sem um ego estruturado – pode perceber, com bastante facilidade, não só o inconsciente pessoal dos pais, mas também o inconsciente coletivo, isto é, o poder dos arquétipos.

Na minha vivência como mãe, tive, certa vez, uma experiência muito interessante: minha filha mais nova contava apenas dois anos quando nos mudamos para uma casa no Cosme Velho, onde éramos periodicamente visitados por gambás. Pelo fato de o gambá ser um marsupial, despertou grande interesse nas crianças, que queriam sempre ver um filhote na bolsa da barriga da mãe. Certo dia, minha filha me chamou para ver um filhote de gambá que parecia estar doente. Realmente, o pequeno animal dava dois passos e caía, para depois recomeçar a caminhada. Achei que possivelmente ele havia ingerido veneno de rato e contei à criança, que reagiu me perguntando: "Por que a mãe não cuidou direito dele e o deixou comer veneno? Coloque-o no colo, mamãe, para ele ficar bom rápido!"

Essa curiosa recordação me fez entender que, para a criança pequena, a mãe pessoal ainda se encontra bastante misturada com a imagem da mãe arquetípica. Ou ela é a mãe abandonadora, assassina, que não quer proteger seu filhote, ou é a redentora sem limitação humana, miraculosa. É a figura mágica, que só de colocar o filhote de gambá no colo pode curá-lo de todos os males e salvar a vida dele. Essa é a mãe arquetípica; e, como todo arquétipo, ela inclui as polaridades positiva e negativa.

Certa vez, atendi um rapaz em terapia. Ele tinha dezoito anos, cursava o primeiro ano de Medicina e foi para a terapia após uma tentativa de suicídio. O jovem havia se lançado do quarto andar do prédio onde morava, mas, por sorte, só havia fraturado a bacia. Esse rapaz morava em um apartamento pequeno com a mãe de setenta anos, viúva; uma tia-avó cega de noventa e cinco anos; e uma empregada que havia sido babá de sua mãe e contava oitenta e seis anos. Seu pai faleceu quando ele tinha dois anos de idade, e seus dois irmãos mais velhos já haviam saído da casa da mãe há alguns anos. A diferença de idade entre o primeiro filho e o segundo era de dois anos, e entre este e o meu cliente, oito anos. Ele descrevia a mãe como uma pessoa difícil e autoritária, que sempre evitava o diálogo. O paciente dormia na sala do apartamento de dois quartos onde moravam. A mãe ocupava um dos quartos, enquanto a tia-avó e a babá dormiam no outro.

O início da terapia foi difícil, uma vez que ele dizia que teria ido meramente para atender a um pedido da mãe. Aos poucos, foi fazendo um bom vínculo comigo, principalmente porque se interessava em ler textos junguianos e às vezes comentá-los na sessão. Como forma de ganhar sua confiança, aceitei trocar ideias sobre os textos que ele lia e, na medida do possível, fazia paralelos com sua situação de vida. Num dado momento, propus ao jovem que ele construísse uma cena na caixa de areia, que revelou, através de suas associações, dados importantíssimos para a terapia.

Em meu consultório, trabalho muito com a caixa de areia (ou *sandplay*), desde 1977-1978, quando fiz um curso com Dora Kalff, em sua casa, em Zollikon, próximo à cidade de Zurique, na Suíça. Mais tarde, quando fiz minha formação em Terapia Familiar Sistêmica (1987), encontrei uma técnica desenvolvida por Kantor *et al.* (1973), a escultura familiar.

A escultura familiar tem suas raízes no psicodrama. Nessa técnica, o terapeuta convida um elemento da família, que será o escultor, a colocar cada membro do grupo e a si mesmo em uma posição, uma postura e uma expressão facial e corporal. Como a pessoa é esculpida, o espaço que ela ocupa, a distância entre cada uma delas, as expressões corporais e faciais, os gestos, a direção do olhar, tudo deve ser definido. A escultura final é a condensação das experiências familiares do elemento escultor.

Segundo Andolfi (1981), o escultor será escolhido pelo terapeuta, levando em conta o momento específico da terapia:

> Pode-se escolher a pessoa que seja capaz de espontaneamente expressar suas experiências emocionais, ou, em outros casos, a pessoa que no grupo familiar parece mais inibida e incapaz de comunicar verbalmente seus sentimentos, de forma a favorecer, através de um canal de comunicação não verbal, uma participação mais ativa dela no processo terapêutico (p. 127).

Quando a escultura está feita, o terapeuta pode perceber nitidamente toda a trama familiar e como cada indivíduo está, coloca-se ou é colocado nesse conjunto. Não só o terapeuta tem essa visão do quadro familiar, mas também cada elemento da família pode ver e ser visto esculpido. Só isso já é de grande ajuda, pois o primeiro passo na direção da mudança é a conscientização pela visão do problema (Boechat, 2001).

Jung sempre valorizou muito os símbolos do inconsciente que apareciam em sonhos. Procurou criar técnicas que, além dos sonhos, pudessem mobilizar o aparecimento de símbolos na consciência. Ele utilizou, em seu consultório, a técnica do desenho livre e da imaginação ativa, técnica na qual se busca, de início, esvaziar a mente consciente dos pensamentos mais corriqueiros, como se fosse uma técnica de meditação. Deve-se, então, focar a atenção na imagem que possa surgir na mente consciente e tentar dialogar com ela. Jung denominou essa técnica de "imaginação ativa", porque existe, inicialmente, uma busca ativa por uma imagem ou um símbolo do inconsciente. A partir desse momento, o controle consciente deixa de dominar para que se possa dialogar com a imagem, provocar questões, observar reações e respostas. Essa técnica foi muito utilizada por Jung – não só com seus clientes, mas também em seu próprio processo de autoanálise –, que ilustrou essas experiências depois, em sua famosa obra intitulada *O livro vermelho*, escrita entre 1914 e 1930.

A intenção, ao utilizar essa técnica, é de acelerar a resposta inconsciente aos problemas da consciência. Trata-se de uma técnica de difícil aplicação, porque pode facilmente ser confundida pelo paciente com uma proposta de fantasiar uma solução ideal para o problema consciente, quando não é essa a intenção. A ideia é – muito mais do que isso – fazer as camadas mais profundas do inconsciente "falarem" com a consciência através de imagens, de símbolos. Além disso, outro problema seria aplicar tal técnica em um paciente com uma estrutura de ego mais frágil, que entraria em contato rápido com imagens profundas e seria incapaz de elaborá-las na consciência. Essa técnica só deve ser aplicada em pacientes nos quais estejamos convictos de que existe uma estrutura forte de ego, que não correm o risco de uma dissociação psicótica.

A técnica de caixa de areia (*sandplay*) tem como ideia mobilizar símbolos do inconsciente que possam trazer uma resposta à situação consciente, só que de maneira bem mais segura do que a imaginação ativa *stricto sensu*, como utilizada por Jung em *O livro vermelho*. Para essa técnica, utiliza-se uma caixa de medidas específicas (72cm × 57cm × 7cm), com areia até a metade, e uma estante com diversas miniaturas – desde bonecos, animais, utensílios, carros e aviões até tijolos, pedras, conchas etc. O tamanho da caixa tem a intenção de limitar a imaginação do paciente, agindo como fator de proteção contra uma invasão excessiva e indesejável de conteúdos inconscientes num paciente com um ego mais frágil.

Voltando ao caso do estudante de Medicina que havia tentado suicídio, mostro aqui suas duas caixas de areia.

Na cena, pode-se ver uma estátua de pedra, que ele diz ser um mestre espiritual. Segundo o jovem me relatou, ele se reunia semanalmente com o mestre e mais alguns amigos. Havia um ritual no qual essa pessoa – um homem vestido de branco e empunhando uma espada – encarnaria uma entidade que se autodenominava "Arcanjo" e fazia suas preleções. Segundo meu paciente, durante uma dessas sessões, o mestre lhe havia chamado a atenção para sua pequena dedicação à causa do grupo e o havia ameaçado de expulsão. Foi nessa noite que o jovem tentou o suicídio.

A partir do que foi exposto na caixa, pude compreender um pouco mais sobre a situação psíquica do meu paciente. No meu entender, esse mestre espiritual era uma figura de significado importantíssimo na vida desse jovem, e que surgiu e pôde ser discutido através da cena na caixa. Percebi, então, a enorme influência desse mestre na tentativa de suicídio do jovem e consegui traçar paralelos com sua história.

Pude ver também que a dimensão da boneca escolhida para representar a mãe é bem maior do que as outras, além de ser uma boneca grávida, que carrega um bonequinho bebê na barriga. A namorada encontra-se quase escondida atrás da mãe, mostrando-nos o quanto a sua significação de mulher ideal, *anima*, encontra-se abafada pela da mãe – não só da mãe pessoal, mas também do arquétipo da grande mãe. A posição da boneca-analista, no meu entender, naquele momento específico da terapia, demonstra uma relação de transferência positiva.

Ela se encontra ao lado do jovem, em posição de poder, já que se senta em algo que a faz mais alta e em condições de confrontar o mestre. Essa associação que ele faz sobre a analista sugere que o paciente gostaria de já ter uma estrutura de personalidade que lhe permitisse questionar o mestre espiritual em seu aspecto mais terrível e castrador. No meu entender, esse rapaz estava sufocado pelo aspecto materno presente em sua vida e precisava muito de uma figura masculina que pudesse encarnar o pai (seus irmãos não mantinham qualquer contato com ele ou com a casa da mãe).

O jovem então procurou no mestre espiritual a imagem do pai, só que, em vez de encontrar uma figura paterna de carne e osso, encontrou um pai "entidade", um pai em seu aspecto arquetípico. Seu pai natural – que havia falecido precocemente, quando ele ainda era um bebê – foi percebido como negativo e abandonador. Ao procurar pelo pai no mestre, encontrou também o abandono e a rejeição, pela crítica e pela ameaça de expulsão do grupo. Numa relação com um pai presente e positivo, teria podido estruturar de forma mais consistente seu ego, possibilitando uma interdição da relação de simbiose com o mundo das mães (mãe, tia-avó, babá). Isso seria verdadeiro tanto no nível das relações conscientes quanto no da relação com o inconsciente.

Segundo Jung:

> [...] Atribuo à mãe pessoal um significado mais limitado. Isso significa que não é apenas da mãe pessoal que provêm todas as influências sobre a psique infantil descritas na literatura, mas é muito mais o arquétipo projetado na mãe que outorga a ela um caráter mitológico e com isso lhe confere autoridade e até mesmo numinosidade. Os efeitos etiológicos, isto é, traumáticos da mãe, devem ser divididos em dois grupos: primeiro, os que correspondem à qualidade característica ou às atitudes realmente existentes na mãe pessoal; segundo, os que só aparentemente possuem tais características, uma vez que se trata de projeções de tipo fantasioso (quer dizer, arquetípico) por parte da criança (OC 9/1, § 159).

Para explicar melhor a dinâmica desse recorte clínico, gostaria de relatar um mito babilônico e, a partir de sua interpretação, traçarei analogias e paralelos arquetípicos com o nosso caso clínico. Trata-se do mito de origem da humanidade na antiga Babilônia, denominado Enûma Eliš (Jacoby, 1971).

O mito conta que no início existia a deusa do caos, Tiamat. Esta resolve criar os primeiros deuses cósmicos – Espaço, Tempo, Céu e Terra –, os quais começam a fazer muito barulho, incomodando o sono de Apsu, marido de Tiamat. A deusa resolve, então, destruí-lo e, para isso, cria agora um exército de monstros chefiados por Kingu – seu filho monstro e seu amante. Os deuses cósmicos, para se defender, chamam o herói Marduk, filho de Ea, o deus da sabedoria. Marduk, então, vai chefiar o exército dos deuses cósmicos contra os monstros de Tiamat, munido da espada de seu pai, de uma rede e dos quatro ventos. A batalha é dura, mas Marduk consegue imobilizar Tiamat com a ajuda dos ventos e da rede e derrota o exército de monstros com a espada, matando Kingu, o filho incestuoso da deusa do caos. Tiamat, como deusa, é imortal, por isso é transformada em rios, montanhas, vales, nuvens... Kingu é morto e do seu sangue surge a raça humana.

Voltando ao recorte clínico, é possível traçar um paralelo com o mito de Marduk para entender melhor a função dos arquétipos da mãe e do pai. Como filho de mãe muito dominadora, meu paciente precisava encontrar dentro de si um herói como Marduk, munido da força do pai (sua espada ou sua orientação dada pelos ventos).

Certa vez, esse paciente me relatou que estava viajando de ônibus para uma praia do estado do Rio de Janeiro quando avistou, na estrada, um cartaz que exibia duas mãos acorrentadas e um dos elos se rompendo. Ao ver aquela imagem, sentiu um forte impacto emocional e "compreendeu" que sua "salvação" viria através da libertação de sua mãe. O jovem desceu do ônibus e caminhou até a cidade mais próxima, onde comprou um facão com o qual pretendia matar a mãe. Ele se dirigiu à estação rodoviária para voltar para casa, mas, como não havia mais ônibus para o Rio de Janeiro naquele dia, acabou dormindo na estação e desistindo de suas intenções assassinas.

A espada que meu paciente precisava era a espada de Marduk, que possibilitaria a interdição da relação simbiótica com a mãe. Era uma espada simbólica, para que ele pudesse encarnar a imagem arquetípica do herói, não uma espada concreta.

O seu "mestre espiritual" se apresentava nos rituais munido de uma espada, e isso o imbuía de muito poder, principalmente aos olhos de meu paciente. No entanto, ao se sentir rejeitado pelo mestre-pai, sentiu-se não no papel de Marduk, mas sim no de Kingu, o filho incestuoso que morre em função de uma relação de simbiose com a mãe. Por não conseguir matar a mãe dentro de si, tenta matar a si mesmo. Obviamente, trata-se de um paciente que passou por grave surto psicótico, daí a concretização maciça dos símbolos. O arquétipo do pai – que deveria ter surgido em seu desenvolvimento para dar-lhe um ego mais estruturado e forte – faltou-lhe, por isso ele se via devorado pelo arquétipo da mãe em seu aspecto mais caótico. Com a crise psicótica, os personagens de mãe e pai deixam de ser figuras humanas para serem percebidos com a força das imagens arquetípicas.

Em um momento de fim de terapia, outra cena foi feita na caixa de areia.

Essa cena mostra que a figura do mestre ainda ocupa um lugar central, de muita importância, mas sua espada – já menos ameaçadora – se encontra colocada deitada por terra à sua frente. Nessa sessão, o paciente me disse que resolveu interromper a terapia e expressou isso na caixa, colocando a analista de costas e ele de frente para um caminho pavimentado de tijolinhos que o levam até o mestre. No lado direito da caixa podem ser vistas algumas figuras vermelhas, que são indígenas: um faz sinais de fumaça com uma manta sobre uma fogueira enquanto o outro carrega, em uma das mãos, um animal que foi caçado e, na outra, um balde.

Nas associações à cena feita na caixa de areia, o jovem falou da intenção de continuar seu processo sem o auxílio da terapia. Ele afirmou já saber qual caminho trilhar. Pelas associações do meu paciente, chego à conclusão de que os indígenas representam uma maior participação dele na vida por meio da volta aos estudos de Medicina (interrompidos por dois anos desde a tentativa de suicídio) e a um trabalho que o coloque financeiramente independente da mãe.

A terapia estava associada a algo que a mãe dele pagava, e, no meu entender, a uma transferência da figura da mãe para a da analista. A mãe queria que ele continuasse na terapia, apesar de sempre se recusar a ir às sessões com o filho, mesmo quando era insistentemente chamada por mim. (Os irmãos também foram convocados, mas nunca se dispuseram a comparecer.) O desejo de que o paciente continuasse em terapia era de sua mãe. Porém, o paciente, por sua rejeição à mãe, não quis mais continuar.

Expus ao paciente o quanto valorizava sua busca por um caminho independente; no entanto, enfatizei que havia na cena um indígena que fazia sinais de fumaça e que esse indígena representaria uma possibilidade de ele, durante o percurso, buscar se comunicar com as pessoas, evitar o isolamento e, até mesmo, pedir socorro para mim sempre que julgasse oportuno. Foi também sinalizado que o fim do caminho chegava ao mestre espiritual, que tinha a espada colocada à frente. A grande tarefa agora seria conquistar uma espada simbólica, para com ela poder lutar e discernir com clareza seu caminho de crescimento e fortalecimento psíquico.

O jovem foi encaminhado a um terapeuta do sexo masculino que, no meu entender, poderia receber a transferência do pai. Com esse paciente, pude perceber que a transferência – de início, difícil – evoluiu positivamente, a ponto de eu ser colocada em posição de confrontação com seu mestre espiritual na caixa de areia. Acredito que era importante que ele pudesse corporificar o arquétipo do pai na transferência. Com um terapeuta homem, esse rapaz poderia fazer uma identificação com o masculino e com o arquétipo do herói (Marduk, filho do deus da sabedoria), estruturando melhor seu ego.

Como dito anteriormente, para a Psicologia Analítica, o processo de individuação consiste na condição de o indivíduo realizar suas potencialidades inatas. No entanto individuação não é sinônimo de perfeição, e é sempre um processo, não um estado adquirido. Esse processo vai se dar nos confrontos da consciência com conteúdos inconscientes e com o social, que propiciarão um amadurecimento psíquico para o indivíduo.

Para Jung, individuação significa tornar-se um ser único, homogêneo, singular, mas ainda assim em relação criativa com as outras pessoas. A individuação é um fim em si mesmo e um processo para toda a vida. Na realidade, não existe ninguém que tenha alcançado a individuação, ela será sempre uma meta a ser perseguida, levando a mudanças dinâmicas na relação da pessoa consigo mesma e com o social. Segundo Jung, o processo de individuação não é uma exigência biológica, mas sim psicológica.

O conceito de individuação, o *principium individuationis*, é encontrado em obras de autores anteriores a Jung, como Aristóteles, Plotino, São Tomás de Aquino, Leibniz e Schopenhauer (Clarke, 1993). Na filosofia de Schopenhauer, o mundo é um produto da vontade. Vontade significando uma energia que vai se expressando de início com as forças da natureza e evolui através das plantas e dos animais até chegar ao homem, que seria a manifestação da vontade mais individualizada.

Plotino, filósofo romano (c. 205-62 d.C.), traz a ideia de uma viagem de transformação cósmica e humana. De acordo com Clarke (1993):

> Imaginava o mundo como empenhado em uma jornada cíclica, envolvendo uma emanação a partir do Uno original, uma queda em divisão, a multiplicidade e a individualidade e finalmente uma epístrofe ou volta para a unidade original (p. 196).

Nietzsche via como objetivo para a vida a afirmação da vontade e a superação do ser. Para ele, cabe a nós, humanos, projetarmos significado no cosmos, sermos construtores de mundos. Mais uma vez, Clarke (1993) diz:

> Enquanto Schopenhauer via a individuação como o mais terrível fardo da humanidade, um tipo de castigo pelo simples fato de existirmos, Jung, tal como Nietzsche, considerava-a como a oportunidade dada ao homem para encontrar significado na vida. Embora a individuação possa acarretar pesadas responsabilidades e grandes perigos, era, ainda assim, para Jung, um caminho para a cura e a completude. Não promete a perfeição final do *Uno* de Plotino ou do *Absoluto* de Hegel, nem mesmo o super-homem de Nietzsche, que redime a história, mas oferece uma meta realista de transformação e crescimento pessoal, de integração e realização do si mesmo (ou *self*) (p. 197).

Na realidade, no meu entender, o processo de individuação para Jung, além de ser uma busca de autoconhecimento que vai levando a uma unicidade maior da personalidade, é uma busca do sentido maior de vida da pessoa, é a busca do "mito individual" de cada um, mesmo que para isso se tenha que admitir uma derrota dos valores do ego.

Com isso, o que Jung quer nos dizer é que devemos ter uma disposição sempre renovada de mudar a postura consciente em função de uma melhor adaptação não só ao mundo externo, mas à realidade interna de cada um de nós. Essa mudança de atitude consciente vai nos trazer uma noção de harmonia psíquica. Para tanto, o ego deve se deixar liderar por uma estrutura de mais autoridade e sabedoria, que é o si mesmo (ou *self*). Abordarei mais adiante o conceito de *self* para Jung, não só na relação com o processo de individuação, mas também para a teoria junguiana como um todo, especialmente quando discutirmos a questão da sincronicidade.

O termo latino *persona* denominava a máscara que o ator usava no teatro grego na época clássica (em grego, o termo usado para designar essa máscara é *prosopon*). Na visão de Jung, *persona* – a máscara de adaptação social que somos obrigados a usar para nos sentirmos aceitos pelo social – pode ser um fator positivo ou negativo. A *persona* é positiva quando, além de estar de acordo com as expectativas sociais, não contraria nossa maneira mais própria e única de ser; por outro lado, é negativa quando nos identificamos com ela e passamos a viver em função da *persona*, ou seja, das expectativas do social, mais do que em função das nossas necessidades individuais. Pela definição de Jung para a individuação, trago dois exemplos de situações que estariam dificultando ou até paralisando esse processo.

A primeira situação é de um exemplo de identificação com a *persona*. Certa vez, atendi um casal formado por Marlene – uma mulher de trinta anos, profissional de sucesso na sua especialidade, no segundo casamento e sem filhos – e Hugo – um homem que contava, na época, quarenta anos e que tinha uma filha de dez anos, fruto do primeiro casamento. O casal estava junto há quatro anos.

Hugo se encontrava, naquele momento, numa situação profissional bastante difícil: havia perdido um emprego que lhe dera bastante prestígio e uma situação financeira ótima. Ele estava tentando recomeçar num pequeno negócio próprio, com a ajuda de Marlene, mas, ao mesmo tempo, era muito agressivo na relação com ela. Parecia-me que havia conflitos e mágoas antigos na relação que precisavam ser esclarecidos, inclusive provavelmente remanescentes não só das famílias de origem de cada um, mas também dos casamentos anteriores.

No entanto o problema mais premente me parecia ser a questão da *persona* de Hugo e suas repercussões no casamento. Ele tinha se identificado em excesso com o papel de profissional bem-sucedido e havia utilizado essa máscara para se aproximar de Marlene. Agora, via-se despido daquela *persona* e incapaz de estruturar outra, mais de acordo com a situação atual. Sentia-se rejeitado por Marlene e, por isso, a tratava de forma bastante inadequada, recheando a relação de mal-entendidos.

Marlene, por outro lado, por mais que quisesse compreender o momento difícil de Hugo, por estar numa etapa ótima de crescimento profissional, nem sempre tinha o discernimento e o cuidado necessários para lidar com os "melindres" do marido. Até porque este, durante sua fase melhor, muitas vezes tinha se comportado de forma muito orgulhosa e altiva, humilhando a esposa.

Era necessário, então, que a terapia os ajudasse a descobrir o afeto que devia existir por debaixo das máscaras que usavam para se relacionar. Hugo tinha de descobrir se podia ser amado somente por seus valores reais, e não – como havia pensado antes – pelo cargo e pelo poder ou pelo dinheiro. Já Marlene precisava conseguir falar sobre suas mágoas antigas na relação e tentar não fazer uma identificação com o agressor, repetindo a atitude orgulhosa do marido. Ela também tinha de se sentir amada por suas qualidades, e não pela máscara (*persona*) que agora tentava usar, de orgulhosa e bem-sucedida. As *personas*, nesse caso, se tornaram maiores do que o ego de cada um, impedindo uma relação mais saudável e profunda no casamento.

No livro da famosa atriz de cinema Brooke Shields – intitulado *Depois do parto, a dor* (2006) –, pode-se observar, pela descrição que ela faz de seu relato de superação de uma depressão pós-parto, que Shields deve ser uma dessas mulheres descritas por Jung, que representam muito bem as projeções de *anima* dos homens, sem saber ao certo quem realmente são. Nas tentativas de se curar da depressão, ela apelou para representar, em sua vida, os personagens de mulheres em situações semelhantes que vivenciou em sua carreira de atriz. Dessa forma, Shields não consegue se reconhecer por si mesma, só pelo olhar do outro, pelo papel que lhe é dado viver, pela *persona*.

Para Jung, a *femme à homme* seria aquela mulher que não desenvolveu sua individualidade e se comporta como um reflexo do que percebe ser esperado dela pelo companheiro. Como ele nos explica:

> [...] Enquanto, porém, uma mulher se contente de ser uma *femme à homme*, ela não tem individualidade feminina. É oca e apenas cintila como um receptáculo adequado para a projeção masculina (OC 9/1, § 355).
> São de tal forma vazias, que um homem pode nelas enxergar o que bem entender [...], captam todas as projeções masculinas, para a grande satisfação dos homens (OC 9/1, § 169).

E ainda:

> Mas, afinal, o *vazio* é um grande segredo feminino, é o absolutamente estranho ao homem, o oco, o outro abissal, o *Yin*. Infelizmente essa nulidade que suscita compaixão (eu falo aqui como homem) é – quase eu diria assim – o mistério poderoso da inacessibilidade do feminino. Uma tal mulher é pura e simplesmente destino (OC 9/1, § 183).

No relacionamento dentro das famílias, percebemos que existem certos papéis que são determinados para serem vividos por seus membros. Esses papéis coincidem com as *personas* descritas por Jung. Quando as *personas* se tornam muito rígidas, dificultarão a saúde do relacionamento familiar e das pessoas, cada uma em seu próprio e único processo de individuação.

A violência familiar

A partir de uma poesia do ensaísta, escritor e poeta português, o professor da Universidade de Lisboa Nuno Manoel Gonçalves Júdice (2010) – compartilhada pela amiga dra. Fátima Santa Rosa –, podemos compreender como a família, mesmo quando parece querer proteger seus membros, muitas vezes acaba por destruí-los.

De partida para a guerra

Os soldados entravam nos vagões do trem que os levavam para a guerra de onde muitos não haviam de voltar.
Os soldados gritavam como os tigres alucinados das campanhas antigas.
Os soldados pediam para chegar depressa aos campos de batalha onde os esperava a morte que eles queriam vencer.
Os soldados seguravam as boinas e abriam as janelas dos vagões para agitá-las ao vento.
Na plataforma da estação as famílias davam vivas à guerra e aos soldados que se iam embora.
Os soldados choravam quando as famílias se despediam deles como se quisessem que eles não voltassem.
As famílias também choravam quando viam chorar os soldados.
Mas as famílias choravam porque tinham medo de que os soldados tivessem medo.

> E os soldados choravam porque pensavam que as famílias pensavam que eles tinham medo.
> Para mostrar que não tinham medo os soldados pegaram nas armas e saltaram dos vagões para lutar corajosamente contra as famílias.
> E as famílias armaram-se contra os soldados para que os soldados pudessem provar que eram capazes de lutar corajosamente.
> A plataforma da estação ficou cheia de soldados mortos.
> As linhas do trem ficaram cheias de famílias mortas.
> Só então o maquinista do trem pôs o trem em marcha; e o trem saiu da estação completamente vazio para a guerra que não chegou a acontecer porque todos os soldados tinham morrido na grande batalha contra suas próprias famílias (p. 76).

Essa poesia nos fala com clareza da violência presente no seio das famílias, mas também das expectativas das famílias e dos filhos/soldados. As famílias se despedem dos soldados chorando, como se já previssem que eles não voltariam da guerra, ou como se não acreditassem na coragem dos filhos. (Como é difícil para os pais deixarem os filhos enfrentarem suas guerras e se afastarem deles!) Já os soldados percebem que as famílias se preocupam com os medos deles e veem os filhos como fracos. E, para mostrar que eles não têm medo e que se sentem "enfraquecidos" pelas próprias famílias, pegam suas armas para lutar contra elas.

As famílias armam-se contra os soldados para que estes possam mostrar que sabem lutar corajosamente. (Podemos entender essa reação das famílias como as "brigas" que ocorrem entre pais e filhos adolescentes, quando estes desejam partir para suas lutas e as famílias testam a capacidade de independência deles, duvidando dessa capacidade e dificultando a possibilidade de os filhos se experimentarem nas lutas da vida fora da proteção das famílias e serem mais autônomos. Em geral, os filhos, nesses casos, passam a travar uma guerra contra os próprios pais.)

Todos – tanto as famílias quanto os soldados – querem se mostrar presentes nos momentos de tensão (como nesse momento de saída para uma guerra), mas agem como numa relação de duplo-vínculo: amor e descrédito, dedicação e abandono, desejo de vida e de morte simultaneamente.

Segundo James Hillman, no audiolivro *The Myth of the Family* (1999): "A família é, acima de tudo, um ambiente muito perigoso, pois é mais fácil ser agredido ou assassinado por alguém de sua própria família do que por qualquer outra pessoa".

As estatísticas estadunidenses citadas por James Hillman em 1999 talvez não correspondam à realidade brasileira, ou talvez não tenhamos tantas estatísticas. No entanto, em termos psicológicos, são verdadeiras, uma vez que é muito mais fácil ser psiquicamente destruído pela própria família do que por qualquer outra pessoa ou situação. Além disso, também nos tornamos mais vulneráveis às agressões externas se antes tivermos sido psicologicamente fragilizados por nossos familiares. Por exemplo, os casos de *bullying*, em geral, se iniciam em casa.

Um paciente jovem, de quinze anos, iniciou a terapia com queixa de *bullying* na escola. Era ótimo aluno, mas não tinha amigos e era rejeitado pela maioria dos colegas. Seus sonhos mostravam um motivo repetido: ao chegar em casa, ou no caminho para casa, era assaltado ou sofria ameaças de assalto. Trabalhando seu caso, vi que sua busca de terapia mostrava que ele havia sofrido *bullying* nas escolas desde pequeno.

Conhecendo melhor a estrutura familiar desse jovem, pude perceber que o *bullying* acontecia em casa. O pai dele, um homem frustrado profissionalmente, sentia-se muito mal em relação à esposa, que havia conseguido posições de destaque e reconhecimento no trabalho. Esse homem não perdia a oportunidade de humilhar a mulher e o menino, muitas vezes por bobagens. A mãe não se defendia desses ataques, mas conseguia se relacionar bem com as amigas e os colegas de trabalho. O filho, no entanto, sem o auxílio dos pais, se fechava e aceitava ser diminuído pelo pai. Os sonhos mostravam que o perigo, o *bullying*, estava em casa, daí os pesadelos de assalto.

Como psicoterapeutas, sempre recorremos às famílias ancestrais para entender nossos pacientes, porque é lá que começamos a compreender se nossos pacientes foram amados, desprezados, odiados e todos os tipos de sentimentos que mais tarde perceberemos em suas relações fora das famílias de origem e em seus comportamentos diante da vida.

Dentre os problemas que são apresentados pelas nossas famílias, a violência é uma delas. Ela aparece nos primeiros anos de vida do bebê, desenvolve-se na infância e na adolescência, e faz parte do caráter do adulto, dependendo do que for percebido e recebido em seu ambiente familiar.

A raiva, bem como a violência, podem ser atributos nossos quando precisamos deles para nos defender, como fazem os animais. No entanto, como seres humanos, podemos desenvolver a violência e/ou também a empatia, o amor, a compaixão. E vamos aprender e desenvolver tudo isso em nossa convivência familiar, ou não.

Por isso, segundo Jung, o que tem o efeito mais forte sobre as crianças é o que vem do inconsciente dos pais, não da atitude consciente deles (OC 2, § 1007). Como exemplo, trago o sonho de um menino de nove anos, que não queria ir à escola. Estávamos no mês de abril, as aulas haviam começado em fevereiro, e ele se recusava a ir à escola, apesar de sempre ter sido bom aluno.

Em entrevista inicial com os pais, notei que o casal se tratava de forma distante e fria. Perguntei se estava tudo bem na relação deles, e me disseram que sim. O pai era músico e a mãe, artista plástica, e ambos trabalhavam a maior parte do tempo em casa.

Nas primeiras entrevistas com o menino, percebi que ele gostava muito de brincar na caixa de areia e construir histórias em que sempre havia o sacrifício de um animal pequeno. Colocava um crucifixo, um animal deitado e soldados apontando armas. Questionado sobre o sacrifício, o menino não me respondia e pedia para brincarmos de outra coisa.

Certa vez, ele me relatou um sonho: "Havia um homem estranho na minha casa. Ele maltratava meu *hamster*, chutando-o e batendo nele. Meus pais viam e não faziam nada". Esse sonho vem mostrar seu lado indefeso, como um *hamster*, um animalzinho pequeno sendo "sacrificado". Seus pais veem o sofrimento, mas não conseguem se mover para protegê-lo em seu desamparo. Não são eles diretamente que o maltratam, mas sim o lado sombrio representado pelo "homem estranho".

Em uma entrevista posterior com os pais, eles me disseram que a relação do casal estava péssima, mas que "o casal nunca brigava na frente do filho". Nesse momento da terapia, o menino já havia retornado à escola, mas seu sonho mostrava como ainda se sentia "sacrificado" pelo desentendimento dos pais. O *hamster* representava seu lado mais suscetível, que sofria, provavelmente sem poder se defender. E as ausências à escola puderam ser compreendidas como sendo um sacrifício que ele se impunha de ficar em casa para, com sua presença, impedir as brigas dos pais.

Uma outra forma de desentendimento dentro de um casamento ocorre quando o casal se encontra em uma relação de identificação – ou, como nos diz Jung, usando uma expressão de Lévy-Brühl, quando está em uma *participation mystique*. Trata-se de um casal fusionado. Nessas relações, o amor pode de repente se transformar em ódio, quando um dos elementos do casal percebe que o outro não pensa nem sente exatamente como ele ou ela. E por mais que um casal se ame muito, cada um vai ter esse sentimento de uma forma única, própria de sua maneira de ser.

De acordo com Jung (1996):

> Para citar um caso prático: quando alguém se queixa de que não consegue lidar com a mulher ou com pessoas de quem gosta, sempre ocorrem brigas horríveis e reações, então você poderá perceber, na análise desta pessoa, que na verdade ela teve um ataque de ódio. Ela viveu uma *participation mystique* com aqueles que ama. Estendeu-se sobre os outros até se tornar idêntica a eles, e isso é uma transgressão ao princípio da individualidade (p. 7 – tradução minha).

Há pessoas que, ao se apaixonarem, esperam que o companheiro ou a companheira sinta e pense exatamente como elas. Quando as individualidades vão se revelando dentro da relação, o amor se transforma em rejeição e, muitas vezes, em ódio, levando, em casos extremos, a assassinatos. (Os mais comuns são os feminicídios, uma vez que, em nossa sociedade patriarcal, ainda é exigido das mulheres que elas sejam um mero reflexo dos homens, e, dessa forma, estes se sentem justificados para serem agressivos com suas mulheres e até para assassiná-las.) Espera-se da mulher, ao estabelecer uma relação mais íntima com o homem, que ela se torne "parte/posse" desse homem, o qual não consegue mais se ver "inteiro" sem ela e, no seu desespero, a mata.

Uma senhora me procurou para fazer terapia depois de uma separação litigiosa. A ideia de separação teria partido dela, após muitos anos de convívio difícil, em que, segundo seu relato, o marido bebia muito, tinha crises de raiva e, algumas vezes, chegou a espancá-la. Um de seus primeiros relatos de sonhos foi o seguinte: "Estou em meu apartamento e vejo entrar uma pessoa igual a mim. Ela caminha em minha direção, seu olhar me assusta, e percebo que está armada. Fujo, mas sinto que não conseguirei escapar".

Esse sonho mostra que possivelmente sua relação de casamento foi de *participation mystique*, e que ela está presa numa situação de não conseguir se libertar de seu "duplo raivoso".

O que chamo de "duplo raivoso" é o que o marido vê nela depois da separação, mas também revela sua ambivalência, quando, ainda casada, tentava a todo custo representar o que o marido esperava dela. Para encontrar a verdadeira individualidade, ela precisava se desidentificar daquela mulher que ficou tanto tempo "fusionada" com o ex-marido. Ela corre o risco de ser sacrificada se não buscar entender quem é de verdade.

Voltando à violência nos sonhos, em outra situação, um menino de seis anos foi levado para terapia pelos pais, recém-separados. Ele sofre de gastrite nervosa, e seus pais não entendem como podem ajudá-lo. O casal está separado e tem a guarda compartilhada do menino.

Depois de algumas sessões, o menino relata um sonho: "Papai e mamãe estão brigando e gritando, eu grito muito também. Acordo chorando e vou procurar minha mãe". Pelo sonho, fica claro o que os pais não quiseram me revelar: eles, apesar de estarem separados e de terem chegado ao acordo da guarda compartilhada, ainda mantêm uma relação ruim, e o ambiente não é bom entre eles. Esse fato está influenciando emocionalmente o menino, que sofre e desenvolve uma gastrite nervosa. Na realidade, se os pais brigam, a disputa se torna maior do que o amor pela criança, e ela se sente abandonada pelos dois.

Segundo Jung, nas relações em que predomina o poder, falta o amor: "Onde existe amor não predomina o poder do indivíduo e onde existe o poder do indivíduo não reina o amor" (OC 6, § 453).

Eurípedes, para participar de um concurso anual que se fazia em Atenas, escreveu, em 431 a.C., a tragédia *Medeia*, cujo resumo é o seguinte: Jasão chega à Cólquida para obter o velocino de ouro (a lã de ouro de um carneiro alado, chamado Crisómalo). Com o velocino de ouro, Jasão conseguiria obter de volta seu trono na Tessália. Medeia, então, se apaixona por Jasão e promete ajudá-lo, desde que os dois se casem. Um pacto de lealdade é feito por Jasão e Medeia. E, para conseguir o velo de ouro, Jasão teve de realizar algumas tarefas, nas quais foi auxiliado pela feitiçaria e pela esperteza de Medeia.

Depois de cumprir os atos heroicos, Jasão, auxiliado por Medeia, precisava fugir da Cólquida. Ela o acompanha em um barco na fuga, e, para atrasar a perseguição pelo barco de seu pai, Medeia mata o próprio irmão Absirto, desmembra o corpo dele e joga-o ao mar aos poucos, para garantir que seu pai, arrasado com a morte do filho, pare o barco dele para recolher os pedaços do corpo, atrasando a viagem e, dessa forma, permitindo que Jasão e Medeia consigam escapar da perseguição e cheguem a Corinto.

No pacto de lealdade entre Jasão e Medeia, os crimes cometidos são considerados pelo casal como passos normais para as conquistas que almejam – seu casamento não inclui a ética. Eles têm dois filhos, e a relação se estabelece até que Jasão se apaixona por Gláucia, filha do rei de Corinto, e repudia Medeia, dizendo que pretende casar-se com aquela.

Creonte, rei de Corinto e pai de Gláucia, exige a expulsão de Medeia de Corinto, por medo de que ela se vingue em sua filha. Medeia não aceita essa nova configuração, nem de Jasão, nem de Creonte, e prepara sua vingança: envia de presente de núpcias a Gláucia um manto e uma coroa; ao vesti-los, a princesa morre incendiada, e Creonte morre também ao tentar salvar a filha. Não satisfeita, Medeia mata também seus próprios filhos com Jasão.

Em *Medeia* de Eurípedes, podemos ler:

> Vezes sem número a mulher é temerosa, covarde para a luta e fraca para as armas; se, todavia, vê lesados os direitos do leito conjugal, ela se torna, então, de todas as criaturas, a mais sanguinária (versos 298-302).

E adiante:

> Se a natureza fez, a nós, mulheres, de todo incapazes para as boas ações, não há, para a maldade, artífices mais competentes do que nós (versos 464-467).

Aqui as "boas ações" são vistas como as grandes conquistas nas guerras, na política ou na intelectualidade – todas estas seriam conquistas dos homens, àquela época.

> Não quero, demorando, oferecer meus filhos aos golpes mortíferos de mãos ainda mais hostis. De qualquer modo eles devem morrer e, se é inevitável, eu mesma, que os dei à luz, os matarei. Avante, coração! Sê insensível! Vamos! [...] Por que tardamos tanto a consumar o crime fatal, terrível? Vai, minha mão detestável! (versos 1413-1420).

Nessas falas de Medeia da peça de Eurípedes, ela expressa seus sentimentos de humilhação e indignação perante a traição de Jasão. As mulheres daquela época não eram valorizadas por suas "boas ações", sua doação extrema na maternidade, por exemplo, ou mesmo seu sacrifício de ser esposa, mãe e profissional – o que acontece até hoje. Os homens ainda são mais valorizados e reconhecidos pelo social, apesar da dupla jornada de trabalho doméstico e profissional recair sobre os ombros das mulheres na maioria dos casamentos. Como nos diz a letra da música "Mulheres de Atenas", de Chico Buarque e Augusto Boal (1976): "Na espera por seus maridos (*eles sim*), heróis e amantes de Atenas".

Se o lado positivo do arquétipo da grande mãe é o daquela que tudo cria e regenera, seu lado negativo é o oposto: o abandono, a destruição e a morte. A grande maldade da mãe é o abandono de sua cria. Sem o seu cuidado e a sua dedicação, o filho morre.

Mas para Medeia não bastava o abandono, ela queria se vingar de Jasão, daí o assassinato dos filhos. Medeia entende que tanto os filhos quanto ela foram traídos, e Jasão não pode mais ser feliz. Em sua última fala antes de matar os filhos, Medeia expressa aquilo em que realmente acredita: se ela deu à luz, ninguém mais tem a capacidade de zelar pelo bem de seus filhos, a não ser ela mesma.

Ainda hoje, grande parte das mulheres sente os filhos como sua propriedade, e, mesmo quando estão casadas, elas percebem os maridos como incapazes de cuidar dos filhos (claro que com raras e honrosas exceções).

Talvez no caso específico de Medeia, com a expulsão de Corinto, seus filhos fossem mesmo ter um fim trágico nas mãos de Creonte. Mas o desejo de vingança falou mais alto e, em vez de tentar salvar os filhos, sacrificou-os. Para Medeia, eles eram uma extensão dela mesma, somente isso, e por seu duplo assassinato não foi castigada, conseguindo fugir. Segundo Brandão (1991): "[...] consumada a tragédia de Corinto, Medeia, num carro alado, presente de seu avô Hélio, o Sol, puxado por dois dragões ou serpentes monstruosas, voou para Atenas" (p. 85).

O "complexo de Medeia" é muito encontrado em nossos consultórios, tanto no atendimento individual quanto no de casal ou de família. Esse complexo ocorre quando há alienação parental. O mais comum é a esposa traída ou abandonada se vingar do ex-marido, impedindo o contato dele com os filhos. Dessa forma, ela, alienando o ex-marido, não percebe que está também sacrificando os filhos. Estes deixam de ser amados para se tornarem meros instrumentos da vingança da mãe.

O mesmo filicídio da poesia de Nuno Júdice é o filicídio de Medeia. Como lidar com esse lado materno que dá à luz e também mata? Em meu consultório, aparecem vários casos com semelhanças com o problema de Medeia.

Uma vez recebi uma cliente de dezesseis anos em guarda compartilhada com os pais após o divórcio. A mãe sempre pedia à menina que, quando fosse visitar o pai, "roubasse" pratas, cristais e outras coisas de valor da casa dele. A moça se entristecia muito com os pedidos da mãe, mas acabava obedecendo-a.

Certo dia, a menina relatou o seguinte sonho: "Estou na casa de minha mãe e uma amiga está comigo. De repente sinto falta da amiga e pergunto à minha mãe por ela. Minha mãe responde: 'Você não sabia? Agora sou taxidermista de gente'".

Esse pesadelo mostra com bastante clareza o que estava ocorrendo com minha paciente: sua mãe a usava para agredir o pai, e sua amiga – no sonho representando um aspecto dela – estava já como uma boneca empalhada, sem vida e paralisada. Se ela não saísse rapidamente desse lugar de intermediária das agressões da mãe contra o pai, seria simbolicamente "morta".

Esse exemplo me lembra o filme do Lars Von Trier (1988), *Medea*, em que ela enforca os filhos, e Jasão, quando chega na cena do crime, vê uma árvore seca, com os dois corpos dos filhos dependurados, como dois espantalhos, ou mesmo dois meninos taxidermizados.

Na literatura, a figura de Medeia vai aparecer de várias formas. Por exemplo, Sophia de Mello Breyner Andresen (1947), poeta portuguesa, refere-se a esse drama.

Medeia

Três vezes roda, três vezes inunda
Na água da fonte de seus cabelos leves,
Três vezes grita, três vezes se curva
E diz: "Noite fiel aos meus segredos
Lua e astros que após o dia claro
Iluminais a sombra silenciosa
Tripla Hécate que sempre me socorres
Guiando atenta o fio dos meus gestos
Deuses dos bosques, deuses infernais
Que em mim penetre a vossa força
Pois ajudada por vós posso fazer
Que os rios por entre as margens espantadas

> Voltem correndo às suas fontes
> Posso espalhar a calma sobre os mares
> Ou enchê-los de espuma e fundas ondas
> Posso chamar a mim os ventos
> Posso largá-los cavalgando nos espaços
> As palavras que digo e os gestos
> Que em redor do seu som no ar disponho
> Torcem longínquas árvores e os homens
> Despedaçam-se e morrem no seu eco
> Posso encher de tormento os animais
> Fazer que a terra cante, que as montanhas
> Tremam e que floresçam os penedos".

Hécate, citada no texto, é aquela que fere à distância, a seu bel-prazer. Descendente dos Titãs, é independente dos deuses olímpicos, porém Zeus lhe concedeu privilégios. Em seu lado positivo, concede prosperidade material, vitória em batalhas, abundância de peixes aos pescadores. Faz prosperar o rebanho, ou o aniquila, a seu bel-prazer. Em seu aspecto terrível, é a deusa dos terrores noturnos, dos fantasmas e dos monstros apavorantes. É a senhora das bruxarias e a deusa da lua nas três fases de evolução lunar: lua crescente, lua minguante e lua nova. Hécate é mãe de Circe, e tia de Medeia. Para nós é muito difícil entender como Medeia, depois de assassinar os filhos, não é castigada.

Lembro-me de um filme de 1960 chamado *Homem mau dorme bem*, de Akira Kurosawa, quando penso no mito de Medeia. Nesse filme, um empresário de sucesso – que é também um assassino sem escrúpulos – faz de tudo para ter cada vez mais poder e riquezas. O filho de uma de suas vítimas resolve se vingar da morte do pai, então aproxima-se do empresário, é contratado pela empresa deste, fica noivo da filha dele e, no fim do filme, quando o plano de vingança está quase se realizando, é morto pela "gangue" do empresário. E o malfeitor, o homem mau, vai dormir bem, sem culpas. Quer dizer: não podemos ser ingênuos de acreditar que é possível eliminarmos o mal. Ele sempre continuará existindo, assim como o bem.

Conceitos relevantes da teoria junguiana

Jung define "símbolo" da seguinte maneira: "Um símbolo sempre pressupõe que a expressão escolhida seja a melhor descrição ou formulação possível de um fato relativamente desconhecido, que, não obstante, se sabe existir ou se postula como existente" (OC 6, § 814).

O símbolo, na realidade, não pode ter só um significado; é sempre possível se descobrir uma variedade grande de implicações e desdobramentos. Como nos explicam Samuels *et al.* (1988): "O símbolo é uma invenção inconsciente em resposta a uma problemática consciente" (p. 201).

Podemos compreender também um sintoma psíquico ou mesmo físico como um símbolo que traz uma mensagem para a consciência no sentido da individuação. Silveira (1968) afirma: "Os símbolos têm vida. Atuam. Alcançam dimensões que o conhecimento racional não pode atingir. Transmitem intuições altamente estimulantes prenunciadoras de fenômenos ainda desconhecidos" (p. 81).

Os junguianos vão trabalhar os símbolos pelo método da amplificação, enriquecendo-os com múltiplos significados interligados. Por exemplo, um símbolo que ocorre no sonho de um paciente pode conter associações com uma vivência na história pessoal dele, como também ter conexões associativas com mitos, contos de fadas, lendas etc. Essas amplificações são utilizadas da mesma forma que fazemos quando queremos decifrar um texto com palavras que não conhecemos.

O método da amplificação requer que o paciente se concentre no símbolo (do sonho ou da técnica expressiva) e tente construir ligações associativas com outras situações, vivências, imagens ou símbolos, que vão se conectar entre si e com a imagem original. É um processo que inclui, ao mesmo tempo, descoberta e criação.

Segundo Clarke (1993):

> É importante, por isso, compreender que Jung foi um pensador imaginativo, uma pessoa que pensava principalmente em imagens e não em palavras, cujo modo típico de reflexão era simbólico e não verbal, e cujo enfoque típico de um problema era intuitivo e não lógico. O papel da imaginação no pensamento, e da verdade na vida psíquica em geral, era algo a que Jung dava grande ênfase (p. 42).

Jung vê nos símbolos uma função de mediação, uma tentativa de mudar a atitude consciente e levar ao caminho da individuação. A psicologia analítica fala de funções autorreguladoras na psique. Essas funções autorreguladoras ou compensatórias funcionam como uma ligação entre consciente e inconsciente. O símbolo faz essa ligação.

A compensação é a expressão do processo de individuação. Este vai se fazendo em termos de discriminação e síntese de opostos. A síntese de opostos vai propiciando uma busca de equilíbrio e autorregulação. Jung define esse processo como compensação, significando uma retificação automática a partir do inconsciente de um desequilíbrio ou de uma atitude unilateral na consciência. Essa retificação, em geral, vai ocorrer pelos símbolos do inconsciente que aparecem nos sonhos, no relato verbal do paciente ou nas técnicas de mobilização de símbolos utilizados pelos analistas junguianos. Analisando uma série de sonhos, podemos perceber o significado dos símbolos e, relacionando-os com a vida consciente, modificar a atitude egóica. Dessa forma, propiciaremos que a compensação seja feita e retomaremos nosso caminho de individuação.

Originalmente, Jung descreveu o processo de compensação utilizando símbolos contrários à atitude consciente como uma forma de trazer o equilíbrio psíquico por meio da apresentação de uma possibilidade diferente da unilateralidade da vida consciente daquele sujeito. Por exemplo, uma pessoa que sonha estar voando. Pode ser que esse sonho esteja apontando para uma necessidade de ficar com os pés mais presos no chão, isto é, encarar a realidade mais de frente e parar de idealizar os fatos vividos.

Para a psicologia junguiana, o inconsciente, como matriz formadora dos sonhos (e dos símbolos), tem uma função independente. Isso é o que Jung chamou de "autonomia do inconsciente" (OC 8/2, § 545).

Mais adiante, Jung definiu a compensação como um processo psíquico diferente da mera complementação:

> [...] O complemento é um conceito muito limitado e muito limitativo e, por isso não é capaz de explicar, de maneira satisfatória, a função onírica. Com efeito, ele designa uma relação em que duas ou mais coisas se complementam, por assim dizer, forçosamente. A compensação, pelo contrário, é como o próprio termo está

dizendo, uma confrontação e uma comparação entre diferentes dados ou diferentes pontos de vista, da qual resulta um equilíbrio ou uma retificação (OC 8/2, § 545).

Dessa forma, se a atitude consciente estiver unilateral, o sonho mostrará o outro lado; se estiver adequada, o sonho vai reforçá-la. Nesse caso, é necessário que se conheça profundamente a história do paciente para que a interpretação do sonho compensatório possa ser feita de forma correta.

Por exemplo, um paciente sonha com a mãe em tamanho de miniatura, enquanto se vê com dimensões gigantescas e não consegue ouvir o que ela tenta lhe falar. No caso, esse sonho pertence ao paciente do caso relatado anteriormente, do mestre espiritual. É um sonho compensatório, mostrando-lhe o quanto está distante de sua mãe real e, de forma defensiva, sentindo-se tão grandioso.

Outro exemplo é o de um paciente em início de terapia, que buscou ajuda depois de perder tragicamente a esposa e um filho em um acidente. Ao sair do consultório, um dia, ele escorregou e quase caiu no chão, sendo amparado prontamente por mim – que, dessa forma, consegui impedir que ele se machucasse.

Na sessão seguinte, o paciente relatou o seguinte sonho: "Estava saindo daqui, quando senti que escorregava e cairia no chão. Percebi, então, que a analista me segurava pelo braço e me salvava". Como esse sonho repete exatamente a cena vivida e coincide com minha atitude na terapia – que era de ouvi-lo e dar suporte naquele momento difícil de vida –, entendi que era um sonho que reforçava a atitude consciente, nesse caso, trazendo uma mensagem tanto para o paciente quanto para mim, a terapeuta. A indicação era que eu tentasse ajudá-lo a não cair, no sentido de entrar em um processo depressivo muito sério.

Apesar das perdas, e do luto necessário, eu deveria auxiliá-lo a se manter de pé, em condições de continuar a caminhar e prosseguir buscando um novo sentido de vida.

Ainda falando de compensação, Jung diz:

> Embora, na imensa maioria dos casos, a compensação tenha por fim estabelecido um equilíbrio psíquico normal, e se comporte como uma espécie de autorregulação do sistema psíquico, contudo não podemos simplesmente nos contentar com esta verificação, pois a compensação, em certas condições e em determinados casos (como por exemplo nas psicoses latentes), pode levar a um desenlace fatal (predomínio das tendências destrutivas) (OC 8/2, § 547).

Na visão junguiana, a tarefa do analista seria tentar restabelecer uma harmonia, um diálogo entre consciência e inconsciente. A função compensatória dos sonhos é de grande auxílio para o terapeuta, na medida em que vai mostrar qual é a verdadeira situação psíquica do paciente em terapia. Uma análise cuidadosa dos sonhos vai revelar novos ângulos de visão e novas formas de solucionar os problemas conscientes. O processo compensatório tem como finalidade unir duas realidades psicológicas: consciência e inconsciente. O ponto de união é o símbolo.

Jung denomina de "função transcendente" aquela que promove a conexão de opostos e que vai se expressar através dos símbolos. De acordo com Samuels *et al.* (1988):

> Jung considerava a função transcendente como o fator mais significante no processo psicológico. Insistia que sua intervenção era devida ao conflito entre opostos, mas não se interessava pela razão por que isso acontecia, concentrando-se, em vez disso, na questão "para que" (p. 83).

A função transcendente seria a capacidade da psique de formar um símbolo unificador, isto é, trazer à consciência uma imagem que solucione um conflito psíquico. Ela se faz a partir do *self* (ou si mesmo).

Jung escreveu um artigo sobre a função transcendente em 1916, mas só o publicou em 1958 (OC 8/2), quarenta e dois anos depois. Nesse artigo, ele reafirma a importância de que o que faz aparecer a função transcendente são as tendências da consciência e do inconsciente juntos. A denominação "transcendente" foi escolhida para explicar que ela vai promover a transição de uma atitude para outra.

Mattoon (1981) compara a compensação para Jung com a ideia de preenchimento de desejo de Freud. Para a teoria junguiana, a compensação é o instrumento do movimento na direção da individuação. A compensação (em latim, *compensare*, isto é, "equilibrar") é um balanceamento do inconsciente na direção da consciência para corrigir uma atitude unilateral. Essa modificação tem um propósito definido. Esse propósito definido tem conexão com o processo de individuação, mas não com o preenchimento de desejo, com a aquisição de bem-estar ou felicidade. A busca de individuação é uma busca de sentido maior de realização na vida, mas não implica a questão da felicidade. Muitas vezes, para descobrirmos o sentido maior de nossas vidas, é necessário que sacrifiquemos atitudes ou coisas que também vão nos trazer sofrimento e dor.

O *self* como totalidade e centro da psique

O *self* é o arquétipo da totalidade da psique; portanto, abrange a consciência, o inconsciente pessoal e o inconsciente coletivo e, ao mesmo tempo, tem o poder de ser o seu centro ordenador. Como centro ordenador, o *self* tem a capacidade de coordenar os processos psíquicos, através da função transcendente que indica a direção de uma melhor saúde psíquica. O relacionamento *self*-ego vai ocorrer sempre por meio dos símbolos, alimentando o processo de individuação. O *self* traz, então, um sentido de finalidade e de direção do processo psíquico. Como explica Samuels (1985):

> Um paralelo corporal seriam as glândulas; cada uma delas tem sua função organizadora específica, mas na saúde elas estão reguladas ou equilibradas em relação uma com a outra por uma dinâmica do corpo como um todo. Sem isso, a função organizadora das glândulas seria inútil. Na maturação, algumas vezes uma predomina e às vezes outra (por exemplo, os hormônios sexuais). A imagem que temos não é de uma ordem estática, mas de uma integração dinâmica. Da mesma forma, os arquétipos têm sua própria função organizadora, mas precisam se relacionar com o todo (p. 90).

O *self* então é entendido como o organizador do todo, funcionando de maneira a equilibrar situações opostas dentro do campo psíquico e produzindo símbolos compensatórios e curativos. Essas atividades do *self* estarão sempre ocorrendo, expressando um potencial ordenador. E a integração desse potencial depende da atitude da consciência. É papel do analista estar sempre atento às mensagens do *self* do paciente, que indicarão, ratificarão ou retificarão a condução do processo terapêutico.

Sincronicidade para Jung

Sincronicidade seria a ocorrência de coincidências significativas, isto é, eventos coincidentes governados por leis de correspondência, e não por causalidade, mas que trazem um mesmo significado. Um problema psicológico que ocorre de maneira intrapsíquica pode encontrar sua expressão simbólica em um evento externo do mundo material e objetivo.

Jung (1952) apresenta o exemplo de uma paciente excessivamente racional que não se abria emocionalmente para os símbolos de seu processo de análise. Certo dia, ela trouxe para a sessão um sonho no qual recebia de presente de alguém um escaravelho de ouro. No momento desse relato, algumas batidas se fizeram ouvir na janela do consultório, e Jung se levantou para abri-la. Entrou voando um besouro-das-rosas, que Jung conseguiu apanhar com as mãos. Ele entregou, então, o besouro à paciente, dizendo-lhe que aquele era o escaravelho dela.

Essa coincidência trouxe um significado importante que mudou totalmente a atitude da paciente em relação à análise. No Egito Antigo, o escaravelho era o símbolo do renascimento e estava associado ao sol. Esse besouro, por ter o hábito de colocar os ovos nas próprias fezes, renasce a partir da própria morte; nesse ponto, na visão dos egípcios, está associado ao sol, que nasce a partir da morte. O besouro-das-rosas é um remanescente atual do extinto escaravelho e também tem o hábito de pôr seus ovos nas fezes. Essa paciente precisava deixar morrer uma atitude racional para renascer em seu processo analítico. E nada há de mais irracional e, ao mesmo tempo, significativo do que essa ocorrência sincronística.

Quando Jung escreve seu artigo sobre sincronicidade e o publica, em 1952, ele tem plena consciência de que o assunto toca aspectos da experiência humana que são cercados de preconceitos e despertam grandes reações intelectuais. Na realidade, a sincronicidade, no meu entender, tem importância maior na clínica pelo fato de trazer um significado para o processo terapêutico e para a individuação do paciente.

Um exemplo clínico

Uma paciente relatou para mim duas ocasiões em que teve sonhos com a figura de um sequestrador, que coincidiram com perdas de pessoas próximas. A primeira vez foi há vários anos, quando perdeu um irmão, e a segunda, mais recentemente, quando morreu um amigo próximo. Os sonhos traziam contextos diversos, mas as características comuns aos dois sonhos eram, em primeiro lugar, o fato de serem sonhos premonitórios – eles se anteciparam às perdas – e, em segundo lugar, o personagem do sequestrador, que a levava para uma gruta debaixo da terra.

Essa paciente, vinda de outro país, era filha de pais muito humildes e tinha vários irmãos. Quando ela tinha apenas dezesseis anos, apareceu, em sua terra natal, um rapaz rico, disposto a se casar e trazê-la para morar no Brasil.

Assim ocorreu, e ela perdeu quase totalmente o contato com sua família ancestral por preconceito e vergonha em relação a seu passado pobre.

No mito de Deméter e Perséfone, segundo Brandão (1987), o deus Hades sequestra Cora (a jovem), filha de Deméter, e a leva para o mundo dos mortos. De forma semelhante ao sonho, no mito a terra também se abre, e ela cai no reino do deus Hades. Esse foi o artifício utilizado por ele para sequestrá-la. Nesse lugar, ela se casa com Hades e passa a se chamar Perséfone.

Uma das interpretações possíveis para o mito é que Cora precisava se desidentificar de sua mãe Deméter para se tornar mulher. Assim, é muito importante estar atento ao aspecto da verticalização de Perséfone, que sai da horizontalidade em que se encontrava com sua mãe até o momento do sequestro. A verticalização aqui simboliza o aprofundamento em si mesma, sua entrada no processo de individuação. É necessário que haja uma separação dos padrões da mãe para que ela possa amadurecer. Ao mesmo tempo, o país de Hades era o reino dos mortos.

Essa paciente, por causa de uma separação muito radical e precoce da mãe e da família de origem, na realidade, fez uma clivagem artificial, e não efetiva. Tinha grandes dificuldades com a maternidade e se posicionava muitas vezes como "filha" a ser protegida pelo marido, tendo sérias dificuldades no relacionamento matrimonial.

Ela estava geograficamente longe de sua mãe, mas, na realidade, ainda continuava sendo filha, e não esposa de seu marido ou mãe de seus filhos. Os sonhos eram sincronísticos porque antecipavam alguma morte, mas também traziam um aspecto de seu processo de terapia e de individuação que precisava ser trabalhado, elaborado, tornado consciente.

Jung analisa as teorias precursoras da ideia de sincronicidade. Entre elas, discorre sobre questões da astrologia, da alquimia e de procedimentos oraculares chineses (tais como o *I Ching*). Diferentemente de nós, a filosofia chinesa clássica não se pergunta "o que causa o quê?", mas sim: "O que acontece junto com o quê?". Na filosofia chinesa, a ideia central é a do Tao, que os jesuítas traduziram como Deus, e Richard Wilhelm (famoso sinólogo) interpretou como significado (OC 8/3, § 917).

> Hipócrates (século V a.C.), no Ocidente, discorreu sobre a simpatia de todas as coisas, como apresenta Jung: "Há um fluxo comum, uma respiração comum, todas as coisas estão em simpatia. Todo o organismo e cada uma de suas partes estão trabalhando em conjunto e com o mesmo propósito" (OC 8/3, § 924).

A causalidade só foi realmente aceita como princípio explicativo no século XVIII, pelo método experimental. E o princípio da sincronicidade, como descrito por Jung, é uma retomada de conhecimentos antigos e foi revivida pela psicologia para explicar acontecimentos que não podem ser compreendidos em sua totalidade somente pela causalidade.

O conceito de sincronicidade formula um ponto de vista diametralmente oposto ao da causalidade e pode ser compreendido como uma maneira de conscientizar um arquétipo: uma parte do arquétipo está no inconsciente e a outra aparece no mundo físico. O arquétipo tem um aspecto transgressivo, isto é, pode se manifestar no mundo psíquico, mas também na matéria. Jung afirma, então, que o arquétipo é psicoide, ou seja, não é só psíquico. A sincronicidade, portanto, corresponderia à manifestação desse aspecto psicoide do arquétipo na matéria ou no mundo real.

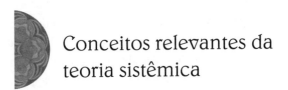

Conceitos relevantes da teoria sistêmica

Sistema e homeostase

A terapia familiar se iniciou na década de 1950 em Palo Alto, na Califórnia, Estados Unidos. Um grupo de pesquisadores do Mental Research Institute (MRI) estava buscando compreender a etiologia da esquizofrenia. Eles pensaram em iniciar um estudo das interações familiares e acharam que Bertalanffy (1968) havia formulado alguns princípios que pareciam ser universais e aplicáveis a vários sistemas diferentes, fossem eles biológicos, físico-químicos ou de uma natureza diversa.

O grupo de Palo Alto – composto, de início, principalmente por Bateson, Jackson, Haley e Weakland, e incluindo, posteriormente, Watzlawick e Beavin – desenvolveu a Teoria Familiar Sistêmica. Essa teoria utiliza, para compreender o sistema humano, os mesmos princípios descritos como responsáveis pela regulação de todos os outros sistemas, inclusive o sistema cibernético. A cibernética e a Teoria Geral de Sistemas de Bertalanffy formaram as bases para os estudos dos teóricos sistêmicos.

Mas o que é isso que denominamos sistema? A definição mais simples diz que sistema é uma composição ordenada de elementos em um corpo unificado separado do resto do mundo por fronteiras reconhecíveis. A teoria sistêmica aplicada à família mantém, por exemplo, que a família como um todo se comporta de maneira diferente da soma de seus membros individuais. Essa teoria também descreve algumas leis que governam o processamento e a estocagem de informações: a adaptabilidade, a capacidade de auto-organização e o desenvolvimento de estratégias para o comportamento do sistema. Se ocorrer qualquer alteração em algum elemento de um sistema, todo esse sistema será alterado. O comportamento de uma pessoa dentro de uma família é, portanto, dependente do comportamento dos outros membros – sendo assim, o que causa uma modificação em um membro modificará a família como um todo.

De maneira semelhante a qualquer outro sistema, a família é a origem de suas próprias modificações. A esse respeito, a teoria sistêmica sustenta que seria simples demais afirmar que um episódio anoréxico, por exemplo, possa ser explicado somente em termos de experiências passadas de uma pessoa. É necessário entender onde esse sintoma surgiu. Ele pertence a todo o sistema, não somente a um de seus elementos, o paciente identificado. Esse elemento está expressando um sintoma que tem conexões com o passado; ele tem uma explicação psicodinâmica. Porém na teoria sistêmica uma questão importante é descobrir que função esse sintoma específico tem na homeostase de toda a família. A família tende para a estabilidade, por meio de processos de *feedback* ou retroalimentação que podem ser ativados quando existe uma tentativa de mudança.

Watzlawick *et al.* (1967), no livro *Pragmática da comunicação humana*, afirmam que, na interação familiar, todo comportamento é comunicação. A comunicação tem a função de preservar a homeostase e pode ser simétrica ou complementar, a partir de relações de igualdade ou de diferenciação. Essas relações por si só não são patogênicas. A patologia surge a partir de cristalização da relação ou na simetria ou na complementaridade (Féres-Carneiro, 1996).

O termo "homeostase familiar" foi escolhido a partir do conceito de Cannon (1932), uma vez que, assim como o organismo dos mamíferos busca – através de trocas intercelulares – manter a temperatura interna do corpo estável apesar das mudanças climáticas externas, a família também tentará manter uma constância no relacionamento interno, por meio de uma contínua troca de forças dinâmicas.

Vistas pelo prisma da teoria da comunicação, as variações das interações familiares são percebidas como comportamentos ou informações que serão retroalimentadas a fim de corrigir a resposta do sistema (Jackson, 1957).

Pesquisadores do MRI, em seus estudos iniciais sobre o comportamento das famílias, aplicaram o termo "homeostase", inicialmente, para descrever mecanismos patológicos dos sistemas, como a rigidez excessiva com falta de flexibilidade e uma capacidade muito reduzida para o desenvolvimento, por exemplo.

No entanto a homeostase familiar pode ser muito bem percebida quando, ao tratar de um paciente em terapia individual, percebe-se o quanto as modificações no indivíduo promoverão mudanças em todo o sistema familiar. Se o sistema for mais flexível, todos poderão ser tocados e modificados pela terapia daquele elemento. Se o sistema for muito rígido, poderão surgir reações adversas nos outros elementos, levando, muitas vezes, à interrupção daquele tratamento.

Numa tentativa de adaptar a técnica da caixa de areia (Kalff, 1980) para a utilização com a família – e não somente com o indivíduo –, fui buscar subsídios em Kantor *et al.* (1973), que desenvolveram a técnica de escultura familiar.

Quando o escultor completa sua escultura, cada membro da família é solicitado a observar silenciosamente a si e aos outros participantes. Nesse momento, as emoções são fixadas por todos. Pede-se que cada um capte as características de cada elemento do grupo e as suas próprias características como personagem da mobilização. Num segundo momento, solicita-se que digam o que sentiram, cada qual em seu papel, e como viram cada um dos outros em seus vários papéis e lugares. Na fase final e dinâmica da escultura, pergunta-se aos participantes como se sentem na posição ocupada e quais seriam suas propostas de mudança. Isso vai estimular os elementos da família a negociarem alterações possíveis, além de permitir ao terapeuta verificar como isso pode ou não se efetivar.

A escultura familiar me pareceu ter um propósito muito produtivo de visão e conscientização do problema, semelhante à caixa de areia. Há um entendimento que é trazido de imediato, de que são as pessoas, elas próprias, que criam as regras dos relacionamentos, e que, portanto, existe um compromisso que é do grupo todo com o problema emergente na família.

Passei a utilizar a técnica de escultura familiar conjuntamente com a técnica de caixa de areia (Boechat, 1990). Os passos da escultura são respeitados na caixa de areia, isto é: 1) a escolha do elemento que vai fazer a cena; 2) o momento de todos os elementos observarem a cena em silêncio; 3) o momento de a pessoa que compôs a caixa falar sobre suas associações; 4) o momento de cada elemento se posicionar; e, finalmente, 5) as propostas iniciais de mudança.

Uma visão junguiana da terapia familiar sistêmica

Com a intenção de exemplificar como trabalhar um sistema familiar, apresento agora um recorte clínico: trata-se de uma família que vai à terapia com a queixa de que a filha mais velha, de dezesseis anos, tem dificuldades no rendimento escolar e na socialização. Sempre que pode, a menina se isola em seu quarto, não dialoga com os pais ou o irmão e não tem amigos.

Sandra, o "sintoma" da família ou a paciente identificada, era filha adotiva. Sua mãe havia tentado engravidar durante seis anos e não teve sucesso, apesar de não ter sido diagnosticada a infertilidade do casal. Os pais adotaram-na com dois dias de vida. Seis meses após a sua adoção, a mãe engravidou do irmão de Sandra. Desde pequena a menina soube que era adotiva. Numa sessão em que estavam todos presentes – o pai, a mãe, a Sandra, o irmão e a avó materna –, pedi que a jovem fizesse uma cena representando como via sua família naquele momento.

Sandra se representou como uma galinha no centro de um círculo de animais: bezerro, vaca, cavalo, cachorro. Em um lado mais aberto do círculo, de frente para a galinha, estava um tatu pré-histórico com chifres e espinhos. Cada animal do círculo estava associado a um elemento da família: o pai é o cachorro; a mãe, a vaca; o irmão, o bezerro; e a avó, o cavalo. Essa avó morava em um outro apartamento do mesmo prédio e tinha um diálogo mais fácil com a moça.

A menina explicou que os animais dispostos em círculo em torno da galinha estariam assim para protegê-la, mas o tatu pré-histórico a impedia de sair do círculo. (A explicação de Sandra é bastante ambígua, e voltarei a ela quando falar sobre a ideia do "duplo-vínculo".)

Quando lhe perguntei sobre o tatu, ela me disse que o animal representa alguma coisa que lhe dava medo e a impedia de se mover. Todas as figuras que cercavam a "galinha branca" eram vermelhas, exceto o tatu. Sandra era uma moça negra, e sua família de adoção, branca.

Pedi, então, que a jovem mostrasse numa outra caixa de areia como seria sua libertação desse círculo. Ela disse que a libertação viria com seu casamento e fez a seguinte cena:

Nessa cena, ela se representou como um cachorrinho bege pequeno. Seu noivo era um cavalo vermelho, e seus pais estavam representados pelos mesmos animais da cena anterior, só que separados pelo irmão, que seguia a mãe para um lado da caixa, enquanto o pai ia em direção oposta. A avó não estava na cena, mas o cavalo que a representava na cena anterior apareceu agora travestido de noivo. Antes de finalizar a caixa de areia, Sandra substituiu o cachorro que a representava por outro cavalo vermelho, deslocando o cachorro para trás das árvores que compunham o cenário, sem, no entanto, eliminá-lo da cena.

A partir das fotografias dessas duas caixas de areia, tive material para trabalhar várias sessões com a família. Na primeira caixa, Sandra denunciou a proteção excessiva dos pais quando os posicionou no círculo em torno de si. Essa proteção – e, ao mesmo tempo, limitação – a colocava frente a frente com o inimigo.

Sempre me referi ao tatu pré-histórico como "o tatu", para facilitar as associações que a família pudesse fazer com esse símbolo, mas ele foi entendido por mim, desde o início, como o fantasma antigo da rejeição – aquele que costuma atormentar os filhos adotivos, por terem sido rejeitados pelos pais naturais –, e, no caso específico de Sandra, não só porque, logo após sua adoção, seus pais se descobriram capazes de gerar outro filho, mas também pelo fato de ela ser negra e sua família, branca. Esses pais não se admitiam racistas, mas chegaram a confessar que se decepcionaram ao perceber que a menina não era branca, porque isso dificultava o desejo que eles tinham de "mentir sobre a adoção".

Para mim, o que Sandra denunciava era a limitação à qual se via imposta pela culpa que os pais sentiam por rejeitá-la.

Quando ela disse não saber bem o que o tatu representava, ela me falava também de como era difícil conviver com o mistério em torno dos pais biológicos.

Tentei, então, pedir aos pais que me sugerissem o que aquele animal simbolizava para eles. O pai, um homem bastante racional, falou que o tatu deveria ser a expressão do problema da filha, um medo de um animal que não existe mais, um medo irracional. Com essa explicação, ele tentava negar seu compromisso no problema da filha. Expressei, então, para a família a minha compreensão do tatu como a representação do medo da rejeição. Lembrei-lhes também que o tatu é um animal que faz sua casa numa toca funda e inacessível. Nesse momento, o irmão se manifestou dizendo que o tatu então devia ser Sandra, já que ela é que se trancava no quarto. Inclusive reclamou que, quando os pais viajavam e eles ficavam sós em casa, ele tinha medo de ficar sozinho e ia buscá-la para assistirem à televisão juntos, mas ela o rejeitava.

É interessante notar que o irmão de Sandra denunciou algo muito importante: a rejeição sentida por ela era atualizada contra ele e também contra o social. Nesse momento, pude entender por que o cachorro que de início a representava na segunda caixa de areia era da mesma cor do tatu, e também por que ela o substituiu por um cavalo, sem, no entanto, tirá-lo da cena. O cachorro continuava escondido atrás das árvores como uma ameaça de que, mesmo quando ela propunha uma solução para o problema por meio do casamento, aquele conteúdo sombrio podia a qualquer momento retornar à cena. A sombra da rejeição, não integrada pelo ego, era projetada e atuada no social.

O casamento representava uma solução na medida em que ela se via sendo amada por alguém, mas acredito que o casamento necessário para ela seria aquele simbolizado por sua autoaceitação e pela comunhão verdadeira de sua consciência com seus valores mais únicos e próprios no processo de individuação.

Acredito que a raiz do problema de rendimento escolar estava no bloqueio de sua curiosidade. Tendo em vista que Sandra não podia perguntar muito sobre a adoção, porque isso ameaçava os pais, ela não demonstrava curiosidade em relação a nada, muito menos ao estudo.

Na segunda caixa de areia, ao colocar o pai e a mãe em direções diferentes, a mãe reclamou: "Por que você colocou o papai e a mamãe assim? Você quer que nós nos separemos?" Nesse momento, o pai falou de uma separação do casal que ocorreu poucos meses antes da adoção de Sandra. Surge, então, para ser trabalhada, a função da jovem nessa família, que é manter o casal unido; ela pode ter sido adotada para exercer esse papel e, ao ser a paciente identificada, levou preocupações e culpas aos pais, mantendo-os, dessa forma, juntos.

Na segunda cena, com sua proposta de solução, Sandra propõe que o irmão fique no meio dos pais, cumprindo o papel homeostático que ela sempre havia desempenhado. O irmão como bezerro representava o filho que pertence à mãe vaca. A representação do pai como cachorro pode simbolizar a agressividade dele. A avó e o noivo representados como cavalos, e depois a própria Sandra sendo um cavalo, mostram a relação mais fácil com essa avó, e um desejo de identificação com ela. O fato de representar os elementos da família como animais demonstra um estágio de ego regredido.

Duplo-vínculo e duplo-vínculo recíproco

Estudos de famílias com um elemento esquizofrênico levaram os pesquisadores a concluir que a emergência e a manutenção de tal elemento como doente é essencial para a estabilidade do sistema. Além disso, esses estudos chegaram à conclusão de que o sistema reagirá de maneira rápida e eficiente a uma tentativa interna ou externa de modificação em sua organização. Dessa forma, uma homeostase negativa – no sentido de patológica –, mas estável, será mantida. Sempre que se tentar entender uma dinâmica familiar específica, deve-se estar atento às suas comunicações.

A psicose pode ser vista como uma doença incurável e progressiva da mente de um indivíduo, ou como a única reação possível dentro de um contexto de comunicação: uma reação que obedece e perpetua as regras dessa comunicação. De acordo com a teoria sistêmica, se existe um elemento esquizofrênico numa família, ela terá uma maneira muito típica de se comunicar: a comunicação em "duplo-vínculo".

Bateson *et al.* (1956) a descrevem da seguinte maneira:

> São necessárias pelo menos duas pessoas, sendo que uma delas é a vítima;
> a experiência ocorre repetidas vezes numa relação de longa duração com esta pessoa;
> uma comunicação primária é dada;
> uma comunicação secundária que contradiz a anterior é também passada;
> uma terceira comunicação é transmitida proibindo a vítima de escapar do campo.

Eventualmente não se faz mais necessário ter a vítima exposta a esses cinco passos. Essa pessoa já aprendeu a perceber seu universo em padrões de duplo-vínculo (Féres-Carneiro, 1996). Depois, essa descrição de duplo-vínculo foi modificada em termos de pessoas presas em uma comunicação ou em um sistema que produz continuamente definições conflituosas das relações e desconforto subjetivo.

Os termos agora não são mais "vítimas" e "carrascos", e o fenômeno de duplo-vínculo é visto como sistêmico. Não há mais um polo esquizofrenogênico contra outro polo esquizofrênico. Mais claramente definida, a comunicação é esquizofrênica, e o elo mais frágil da corrente mostra a doença do grupo. Segundo estudiosos da teoria sistêmica, as situações de duplo-vínculo não são só encontradas na esquizofrenia, mas também em situações de neurose.

Na família de Sandra, descrita anteriormente, existem dois momentos em que podemos perceber com clareza as mensagens de duplo-vínculo que lhe são passadas. A primeira delas é quando Sandra, tentando explicar a primeira cena, diz: "Os animais dispostos em círculo em torno da galinha estão ali para me proteger, mas o tatu pré-histórico me impede de sair do círculo". Nesse momento, fica claro para mim que os animais, ao mesmo tempo que a protegiam, forçavam-na a confrontar o tatu, na medida em que a impediam de sair do círculo. É como se essa família lhe dissesse que a amava, mas também a sacrificasse para o monstro da rejeição.

A segunda mensagem em duplo-vínculo surge pela voz da mãe, quando esta pergunta a Sandra por que a menina havia colocado os pais em direções opostas na segunda cena, sugerindo o papel designado pelo casal para a filha e, ao mesmo tempo, culpando-a por estar nesse papel. A função de Sandra nessa família era manter os pais casados.

O duplo-vínculo recíproco foi descrito por Jay Haley na família esquizofrênica. Elkaïm (1990) apresenta esse conceito para a compreensão das relações de casal. Essas situações de duplo-vínculo correspondem a uma coerência interna do sistema; é uma opção que o casal faz, para manter a homeostase de seu casamento. Elkaïm usa os termos "Programa Oficial (PO)", para descrever o que cada membro do casal quer "receber de" ou "trocar com" o outro elemento; e "Mapa de Mundo (MM)", para descrever as marcas que cada um adquiriu no passado. Esse mapa está presente na psique de cada um, influenciando suas atitudes.

Um exemplo pode ser visto dentro da mitologia grega, na relação de casamento dos deuses maiores do Olimpo. Zeus e Hera, como sabemos, tinham uma relação matrimonial bastante conturbada. Fiel a Zeus, essa fidelidade de Hera se expressava claramente no fato de que ela só encontrava realização na relação com ele. No mito grego, ela é chamada Teleia, a realizada. Ela atingia sua realização no casamento. Zeus, por outro lado, era chamado Teleios, aquele que leva à realização (Kerényi, 1975). Zeus nunca foi fiel à esposa, um fato que provocava atitudes de vingança contra suas amantes e os filhos decorrentes dessas relações.

Sua família ancestral começou com Cronos – o pai de Zeus e Hera –, que devorava os filhos de seu casamento com Reia assim que eles nasciam. Reia decidiu, então, se aliar com o filho mais novo, Zeus. Em vez de entregar seu filho a Cronos, ela deu-lhe uma pedra para comer, salvando Zeus e também, dessa forma, destruindo seu casamento com Cronos.

Assim, Hera estava predestinada a ser fiel, porque ela tinha medo de repetir o comportamento de sua mãe e, ao fazê-lo, destruir o próprio casamento. Zeus era infiel para evitar repetir o destino de seu pai Cronos, que, embora tenha sido fiel, foi traído pela esposa. Além disso, toda vez que Zeus era infiel, ele estava obedecendo ao papel que sua mãe lhe dera para viver, isto é, enganar e trair, como fez com seu pai.

É importante saber a forma como Zeus e Hera se apaixonaram. Slater (1971) fala que, quando Zeus se percebeu

> [...] incapaz de conquistar [Hera] diretamente, ele usou de um estratagema [...]. Ele decidiu tomar vantagem dos seus instintos maternos [...] assumindo a forma de um cuco (pequeno pássaro) cujas asas estavam quase congeladas com o frio do inverno, e que Hera apanha e aquece em seu seio. Neste momento Zeus reassume sua verdadeira forma e a possui. Portanto, não é através de qualquer agressividade masculina ou irresistibilidade sexual que Zeus se torna o senhor de Hera, mas por meio de um apelo infantil (p. 131 – tradução minha).

Zeus era o grande "Don Juan" do Olimpo. No entanto, isso somente demonstrava o quanto ele tinha medo das mulheres e da traição delas. O relacionamento que menos o ameaçava era com Hera. Ele sabia que ela seria incapaz de ser infiel a ele. Mesmo assim, ele evitava estar muito próximo dela e continuava procurando suas amantes. Zeus tinha medo de reconhecer sua mãe nos rostos das mulheres com as quais se relacionava, mas ainda assim estava sempre procurando por ela. Portanto, no Programa Oficial de Zeus, ele queria ser amado como um marido, mas, em seu Mapa de Mundo, ele tinha a marca que lhe dizia que as mulheres só conseguem amar seus filhos. Hera, em seu PO, queria a garantia de que Zeus seria sempre seu marido, mas, ao mesmo tempo, ela sabia, por seu MM, que o relacionamento que traz segurança é aquele entre mãe e filho.

O que faz o duplo-vínculo recíproco tão frequente nas relações de casamento é o encaixe dos PO e dos MM de seus membros. Podemos observar esse encaixe muito frequentemente na prática psicoterapêutica com casais.

Construtivismo

Na terapia individual, o terapeuta deve estar consciente do sistema terapeuta-paciente; o terapeuta não é somente um mero observador, mas sim um coparticipante na construção da realidade. O observador se torna parte do observado. O construtivismo é uma nova escola de teoria sistêmica que se coloca de maneira diferente das epistemologias tradicionais que dizem que o conhecimento é a expressão de uma realidade que existe independentemente do observador. O construtivismo diz que qualquer observação sobre a realidade é primariamente uma afirmação sobre o observador. A separação sujeito-objeto não é mais importante. Em vez disso, o construtivismo percebe o conhecimento como um aspecto da interação. Essa nova teoria é agora denominada "cibernética de segunda ordem".

A vida se desenvolve por meio de processos de aprendizado. Os sistemas são organizados de forma a esclarecer um espaço interacional no qual a busca de sobrevivência possa ser alcançada. Dessa forma, pode-se perceber os sistemas vivos como sistemas de conhecimento e a vida como um processo de aquisição de conhecimento (Maturana, 1978).

A cibernética de primeira ordem foi enfocada na manutenção da organização do sistema. Ela está baseada na ideia de que o observado pode ser considerado em separado do observador. Já a cibernética de segunda ordem – ou construtivismo –

está enfocada na alteração da organização do sistema. Ela inclui o papel do observador na construção da realidade que está sendo observada.

Maturana (1978) nos trouxe vários elementos importantes para explicar a teoria construtivista. O conceito de pareamento estrutural diz que o que quer que surja advém da interseção entre um sistema específico e um meio ambiente. Portanto é impossível descrever qualquer situação terapêutica sem estarmos conscientes de que estamos incluídos nela.

Aquilo que realmente importa em psicoterapia, que toca o terapeuta e constela a mudança, é a interseção dos Mapas de Mundos do terapeuta e do paciente. Na psicoterapia, não é a verdade ou a realidade que interessa, e sim a mútua construção da realidade. Pareamentos diferentes produzem mundos diferentes, porém compatíveis. Portanto não existe somente uma solução possível, mas sim múltiplas soluções que se conectam pelas relações entre os membros do sistema terapêutico (terapeuta e família ou terapeuta e indivíduo).

Para os construtivistas, o conhecimento equivale a uma forma de o sujeito se adaptar à realidade e tem a função de ensejar a sobrevivência. Como se adquire o conhecimento da realidade e o quanto esse conhecimento é verdadeiro ou real não se sabe ao certo, só percebemos que ele nos é útil, servindo-nos para abrir algumas portas. Segundo Watzlawick (1984), o construtivismo pode ser visto tanto como uma invenção da realidade quanto como uma pesquisa desta.

Para Ernst von Glaserfeld (1984):

> O construtivismo radical, portanto, é radical porque quebra com as convenções e desenvolve uma teoria do conhecimento no qual o conhecimento não reflete uma

realidade ontológica objetiva, mas exclusivamente uma ordenação e organização de um mundo constituído pela nossa experiência. O construtivismo radical [...] encontra-se em total concordância com Piaget (1937), que diz que "a inteligência organiza o mundo através de se organizar a si mesma" (p. 24).

O construtivismo descrito por Piaget tenta explicar como se desenvolve a inteligência na mente da criança, diz respeito à posição central da atividade do sujeito no desenvolvimento cognitivo. Já o construtivismo para os teóricos sistêmicos – como Von Foerster, Watzlawick, Elkaïm, Maturana e Varela – quer afirmar que existe sempre um papel claro e importante do observador na construção da realidade que está sendo observada. Essa escola de pensamento considera que um observador nunca será capaz de conhecer a realidade como ela é, ele poderá somente construir um modelo que se encaixe a partir da interação com seu ambiente, sua realidade.

Uma psicoterapia de sucesso não necessariamente demonstra que o terapeuta estava certo, mas sim que a construção dele junto aos membros ou ao elemento do sistema funcionou. Terapeuta e paciente são elementos do sistema. Não existe somente uma solução possível, e sim algumas soluções que estariam ligadas à relação entre os membros do sistema terapêutico.

Jung fez também algumas afirmações semelhantes aos sistêmicos, quando afirmou que a neurose "nos força a estender o termo 'doença' além da ideia de um corpo individual cujas funções estão perturbadas, e para olhar para a pessoa neurótica como um sistema social de relações doente" (OC 16/1, § 37). Ele chama a atenção para o fato de que, se o indivíduo está doente, todo seu sistema social também estará alterado e doente.

Em seu livro intitulado *Seminários sobre análise de sonhos*, Jung (2014) fala da relação de casais:

> [...] quando analisamos pessoas casadas, ou pessoas que estão em íntimo relacionamento mesmo se não for casamento, não podemos simplesmente lidar com a psicologia delas como um fator isolado; é como se estivéssemos lidando com duas pessoas, e é extremamente difícil distinguir o que concerne ao indivíduo do que é do relacionamento. Invariavelmente constatamos que a suposta psicologia individual em um caso assim só é explicável sob o pressuposto de que outro ser humano está funcionando naquela mente ao mesmo tempo; noutras palavras, é a psicologia do relacionamento, não a psicologia de um indivíduo isolado. É mesmo muito difícil isolar as partes individuais das partes relacionadas (pp. 525-526).

Ou ainda, numa carta para James Kirsch na obra de Adler & Jaffé (1975), Jung diz: "No sentido mais profundo, nós todos não sonhamos sobre nós mesmos, mas a partir do que se coloca entre nós e os outros" (p. 172 – tradução minha).

Em relação ao construtivismo, em seu livro *Aion*, Jung afirma:

> Entre a consciência e o inconsciente existe um tipo de "relação de incerteza", porque o observador é inseparável do observado e sempre o perturba no ato de observação. Em outras palavras, a observação exata do inconsciente prejudica a observação da consciência, e vice-versa (OC 9/2, § 355).

Então, pensando sobre a teoria sistêmica construtivista e a psicologia junguiana, a ideia que me ocorre é de como Jung antecipou os teóricos sistêmicos mais modernos, especialmente no quesito das relações terapêuticas. Em relação ao campo transferencial, da transferência e da contratransferência, existe um campo interativo, ou uma ressonância, que tem um papel fundamental nas relações entre terapeuta e paciente, e que pode promover mudanças.

No livro *A prática da psicoterapia*, Jung fala sobre a relação terapêutica como uma relação na qual o terapeuta percebe no paciente o que ele pode reconhecer em si mesmo: "O terapeuta inteligente já compreendeu há anos que qualquer tratamento complicado é um processo individual, dialético, no qual o médico, como pessoa, participa tanto quanto o paciente" (OC 16/1, § 239).

Como os construtivistas, Jung afirma que aquilo que percebemos não pode ser separado do que somos, e, portanto, não pode existir uma objetividade total, mas a tal "objetividade entre parênteses", como definido por Maturana (2001): "[...] a realidade é sempre um argumento explanatório [...]. Na objetividade entre parênteses há tantas realidades quanto domínios explicadores, todos legítimos" (p. 38).

A linha sistêmica construtivista trabalha com a ideia de autorreferência que surgiu da influência de vários cientistas: o biólogo chileno Humberto Maturana, o físico e filósofo Heinz Von Foerster, o químico Ilya Prigogine, a influência da física subatômica, além das ideias de Paul Watzlawick (terapeuta sistêmico, fundador do MRI e analista junguiano com treinamento no Instituto C.G. Jung de Zurique).

Nas palavras de Heinz Von Foerster (1984, p. 41): "o ambiente como nós o percebemos é uma invenção nossa" (p. 38). Von Foerster (1984 como citado em Watzlawick, 1984) também denuncia:

> Uma vez que, nos humanos, existem somente cem milhões de receptores sensoriais externos, e cerca de dez trilhões de sinapses no sistema nervoso, nós somos, portanto, muitas mil vezes mais sensíveis às mudanças de nosso meio interno do que em nosso meio externo (p. 52).

Isto é, o que cada um percebe pela visão, o que vemos ou percebemos pelas células da retina, tem que ser decodificado pelas sinapses no cérebro, e só depois vamos nos aperceber delas. Essa apercepção depende muito menos das células da retina – que captam a visão – e muito mais das sinapses neurais de nosso cérebro, que estão ligadas às nossas percepções únicas de mundo, porque funcionam de acordo com nossa individualidade, nossas sensações, nossa história, nossa maneira única de ser e de encarar a realidade e nossa "equação pessoal".

Podemos, então, inferir que, em psicoterapia, não é a verdade ou a realidade que importam, mas a mútua construção do terapeuta e do pacientes. Para Maturana e varela (1995), os sistemas vivos e o ambiente se modificam para entrar em um acordo. É a ideia de pareamento estrutural ou acoplamento estrutural, segundo essa ideia, o meio produz mudanças na estrutura interna dos sistemas vivos,assim como o meio também sofre mudanças.

Se levarmos essa ideia para a relação entre terapeuta e paciente, podemos entender,como nos diz Mony Elkaïm(1990):

> Proporei, então, aos psicoterapeutas que respeitem os seguintes pontos: 1) aceitar que aquilo que nasce em nós não está unicamente ligado a nossa própria história, mas tem igualmente um sentido e uma função com relação ao sistema terapeutico onde esse sentimento aparece. 2) desconfiar dele. se nós seguirmos o sentimento que surge sem termos verificado seu eco nos membros do casal

ou da família, enfrentaremos dificuldades. 3) verificar que aquilo que nós sentimos tem uma função, ao mesmo tempo,com relação aos membros do casal ou da família, e com relação a nós mesmos. 4) o trabalho de psicoterapia consistirá, então, em flexibilizar elementos surgidos na interseção dos diferentes universos dos membros do sistema terapeutico (p. 201).

Essas ideias de Maturana e Varela, e Mony Elkaïm nos colocam com clareza e importância de o terapeuta entender o quanto suas percepções da realidade dos pacientes ocorrem nos acoplamentos de suas próprias experiências e as experiências dos pacientes.

O termo "equação pessoal" foi uma expressão inicialmente usada para designar erros nos cálculos astronômicos, utilizada por William James no campo da psicologia. Observou-se que haverá sempre uma discrepância nas medidas se forem feitas por pessoas diferentes. De acordo com Shamdasani (2005): "Jung adotou a formulação de James da equação pessoal, e viu-a como um dos aspectos mais importantes no qual a possibilidade da psicologia como ciência da subjetividade dependia" (p. 51).

Ao nos colocarmos frente a frente com nossos pacientes na terapia, somos indivíduos únicos, em relação a outros indivíduos únicos. Temos que renunciar a uma ideia de verdade, sem erros, de acertar com a perfeita interpretação (que seria quase impossível) e focar mais nossa visão e nossa prática clínica no que for operatório, isto é, no que funcionar.

Segundo Elkaïm (1998): "Não importa que as hipóteses sejam reconhecidas como verdades: [...] elas denotam apenas que as construções que nasceram da relação com os pacientes criaram configurações de felizes consequências" (vol. 2, p. 14).

Ressonância

Sobre o fenômeno da ressonância, Elkaïm (1990) diz:

> Eu denomino ressonâncias essas reuniões particulares constituídas pela interseção de diferentes sistemas que acolhem um mesmo elemento. Diferentes sistemas humanos parecem entrar em ressonância sob o efeito de um elemento comum, assim como corpos podem colocar-se a vibrar sob o efeito de uma frequência determinada. [...] A ressonância não é um fato objetivo, não se trata de uma verdade velada que devamos fazer surgir através de um ponto em comum dos diferentes sistemas. Ela nasce na construção mútua do real que se opera entre aquele que a nomeia e o contexto no qual ele se descobre nomeando-a (p. 170).

Articulações de conceitos sistêmicos com a teoria junguiana

Quando Jung diz que o *self* promove uma compensação na psique, ele faz uma afirmação sistêmica. O *self* pode ser visto como um espírito interior que tem a função de organizar o indivíduo em um sistema autorregulador e relativamente fechado de energia psíquica. Jung entendia que mesmo o sintoma neurótico ou psicótico teria uma intenção teleológica no processo de individuação e um efeito compensatório na energia psíquica da pessoa. Portanto o *self*, o arquétipo da personalidade supraordenada dentro de nós, está sempre enviando mensagens (comunicando-se com a consciência através dos símbolos) na direção de nosso processo de individuação, de nossa saúde psíquica.

Na teoria sistêmica não existe tal estrutura ordenadora. Na busca por homeostase, todos os elementos do sistema participam igualmente. No processo de individuação, Jung vê uma hierarquia entre *self* e ego, com o *self* orientando o ego para um equilíbrio mais saudável, através de símbolos compensatórios. Na teoria sistêmica – na qual todos os elementos buscam pela homeostase –, algumas vezes a doença de uma família é a homeostase conseguida.

A teoria sistêmica afirma que a doença de uma pessoa é uma tentativa de trazer homeostase para todo o sistema familiar, mas também diz que tal paciente identificado encarna a possibilidade de redenção de todo o grupo. Assim, tanto o sintoma neurótico ou psicótico em um indivíduo quanto o paciente identificado em uma família carregam o mesmo significado teleológico. De acordo com a teoria sistêmica, grupos de pessoas – casais, famílias ou mesmo relações psicoterapêuticas – podem ser vistos como circuitos de retroalimentação (*feedback*). O comportamento de cada pessoa afeta e é afetado pelo comportamento de cada um dos outros; qualquer coisa que alguém diga a outro sobre si próprio está conectada com a relação que existe entre eles. Sempre que nós não pudermos responder por que aconteceu um comportamento, a questão deveria ser modificada em busca de um "para quê", e uma resposta mais clara apareceria. Se deixarmos de pensar somente em termos causalidade, e pudermos também perceber a finalidade de alguns sintomas, atos ou queixas de pacientes, poderemos entender melhor os seus problemas. Por exemplo, no caso de uma pessoa que apresenta medo de lugares altos, esse medo pode ter relação com algum evento de seu passado (causalidade), mas pode também estar referido a um medo de ter conseguido atingir um cargo muito alto em seu trabalho, e não estar preparada para essa posição, e "cair" (finalidade). Muitas vezes, se estivermos atentos, o sintoma estará muito mais ligado ao "para quê" do que ao " por quê". Isso é verdade tanto para a teoria sistêmica quanto para a psicologia analítica.

Jung nos diz que a relação psicoterapêutica – pelo ponto de vista do terapeuta – não é neutra. O terapeuta percebe, compreende e é afetado pelo mundo através da psique e de sua subjetividade. A retorta alquímica, na qual duas substâncias reagem uma à outra para promover uma transformação final, é uma metáfora da relação terapêutica.

Dessa forma, a contratransferência tem um papel muito importante no sistema terapêutico, e é uma das mais importantes fontes de conhecimento. Quando pessoas estão envolvidas em uma relação íntima, elas compartilham algumas características. Isso pode ocorrer sabidamente na identificação projetiva ou em uma comunicação inconsciente. Não existe uma maneira clara de saber onde um termina e o outro começa.

Segundo Jung:

> O fato de o paciente transmitir ao médico um conteúdo ativado do inconsciente também consteia neste último o material inconsciente correspondente, através da ação indutiva regularmente exercida em maior ou menor grau pelas projeções. Médico e paciente encontram-se assim numa relação fundada na inconsciência mútua (OC 16/2, § 364).

A relação terapêutica pode se constelar em uma relação homeostática, já que terapeuta e paciente (seja família ou indivíduo), podem ser vistos como um sistema terapêutico. Essa homeostase pode ser positiva ou negativa, no sentido de uma evolução saudável ou de uma estagnação da evolução do sistema.

O analista junguiano Guggenbühl-Craig (1980), em seu livro *O abuso do poder na psicoterapia*, nos fala sobre essa situação quando descreve o arquétipo do curador-ferido. Ele explica que todo arquétipo tem duas polaridades, isto é, se um paciente nos procura com uma queixa, ele está se colocando na polaridade do ferido e projetando em nós a polaridade do curador.

Na realidade, essas duas polaridades existem no paciente e no terapeuta. O papel do terapeuta seria ajudar o paciente a descobrir dentro de si o curador.

Para isso, o terapeuta teria de entrar em contato com seu lado ferido, para, assim, poder se sentir tocado pelo sofrimento do paciente e, então, estar em condições de ajudá-lo. Se isso ocorrer a contento, o arquétipo não estará cindido. Se, no entanto, houver a cisão do arquétipo, se cada parte estiver projetada em um dos lados da relação terapêutica, se o paciente depositar sua cura nas mãos do terapeuta e este aceitar, a terapia poderá facilmente correr para uma estagnação. O terapeuta será sempre o que explica muito claramente os porquês dos sintomas do paciente, enquanto este estará sempre com os mesmos sofrimentos. É o caso daquelas terapias intermináveis, em que o paciente nunca sente melhora; no entanto, conscientemente, a relação terapêutica parece estar ótima.

Guggenbühl-Craig, assim como Jung, busca entender a contratransferência no sentido da observação atenta dos sentimentos que o paciente desperta em si como terapeuta. Esses sentimentos são ótimos sinalizadores, não só de nossos erros e acertos, mas também de conteúdos importantes do próprio paciente. Como exemplo, passarei ao relato de um recorte clínico de consultório.

Tratava-se de uma senhora de sessenta anos, que procurou a terapia após o falecimento do marido. As sessões eram arrastadas, a paciente chorava muito, lamentando aquela perda. De início, achei que deveria ouvir seu desabafo, até compreender melhor sua história de vida e sua queixa para poder ajudá-la. No entanto, qual não foi minha surpresa quando percebi que a paciente estava a cada dia mais alegre e falante! Porém alguma coisa na relação terapêutica me incomodava muito: ela não me permitia falar – ou, pelo menos, era assim que eu sentia. Em uma ocasião que se fez propícia, fiz referência a esse fato. A paciente fez um longo silêncio e, depois, me disse chorando: "Meu marido reclamava que eu falava demais e não o ouvia".

Pude, então, compreender, pelo sentimento contratransferencial, que o alívio tão rápido pela perda do marido havia se dado pela projeção transferencial dele para mim. Ela conseguia repetir no *setting* a situação da relação de casamento e, dessa forma, ainda negava a perda do marido. O desconforto que senti tem conexões com a história e a transferência defensiva da paciente, mas sem dúvida tem conexões também com a minha história. Na visão junguiana, o sentimento de desconforto foi uma mensagem de compensação a partir do inconsciente do terapeuta para indicar um melhor caminho de condução da terapia.

Watzlawick (1984), citando Savage (1961) em um artigo sobre contratransferência, alerta-nos para o perigo sutil, mas real, do duplo-vínculo na relação terapêutica, principalmente com pacientes psicóticos. O terapeuta faz um investimento muito grande de tempo e energia, e obtém respostas muito pequenas do paciente. Isso acabaria criando uma tendência no analista de buscar gratificação narcisista à custa do paciente, isto é, inconscientemente, o analista precisará que o paciente continue doente, ao mesmo tempo que, conscientemente, o estimula ao crescimento e ao desenvolvimento psíquico. Essa é uma situação patogênica de duplo-vínculo, como descrita por Bateson *et al.* (1956).

Sincronicidade e ressonância

Quando Jung descreve a sincronicidade, está falando de coincidências que trazem um significado novo e importante para aquela situação. Elkaïm, (1990), quando descreve a ressonância, trata das relações entre os sistemas terapeuta e paciente que vão construir e revelar também um sentido, ou um entendimento. Os dois conceitos têm muito em comum.

Elkaïm (1996) passa a pensar a terapia como um empreendimento para lidar com sistemas humanos que são capazes de, juntos, criar significados. Esses sistemas humanos incluem tanto o sistema familiar quanto a família e o terapeuta. Ele nos diz:

> Não luto somente com minha subjetividade. Aquilo que me pergunto e investigo é:
> Como aconteceu que este meu aspecto foi amplificado neste contexto específico? Qual a função desta amplificação neste contexto? Da maneira que estou utilizando o conceito de função, estou utilizando o sistema e estou utilizando a ideia de um sistema terapêutico do qual sou parte. Não abandonei esses conceitos, estou investigando as construções do terapeuta não como uma projeção, não como um sonho monádico, mas como algo que tem um significado e uma função dentro do sistema em que aparece (p. 212).

O autor quer explicar que, atualmente, ainda utiliza a noção de sistema e o conceito de função. No entanto, cada vez mais ele se vê incluído, entendendo suas percepções como tendo uma função e um significado dentro do sistema em terapia. Mais adiante, Elkaïm (1996) chama a atenção para nossas obrigações com o sistema. Segundo o autor, devemos:

> a) respeitar a complexidade, sem que a multiplicidade dos elementos nos leve a uma incapacidade de intervir no sistema; b) respeitar também as singularidades, e não reduzir tudo a verdades comuns ou já conhecidas; c) valorizar a ressonância como uma singularidade dos sistemas em interrelação, isto é, diferentes elementos podem ter um tema comum, mas uma história diferente (p. 210).

Jung foi contemporâneo de Einstein, quando ambos lecionavam na Escola Politécnica de Zurique, em 1905, e amigo de Wolfgang Pauli, que recebeu o Nobel de Física. Na obra *The Interpretation of Nature and the Psyche*, Jung & Pauli (1955) escreveram artigos em conjunto, nos quais relacionavam as novas teorias da física subatômica com a teoria dos arquétipos.

Segundo Clarke (1993), para Jung:

> [...] um dos aspectos importantes de sua luta com o dualismo e da tentativa de encontrar um lugar para significado e finalidade no universo era que, embora tirasse inspiração de uma visão de mundo aristotélica/medieval, estava também consciente da necessidade de reconciliar sua concepção de psique com a opinião científica da época em que vivia. Descobertas revolucionárias na física, na primeira metade do século XX, deram-lhe oportunidade de trabalhar para chegar a essa reconciliação. Já em 1912, ele se referira ao estranho encontro entre a física

atômica e a psicologia, e chegara à conclusão de que o mundo subnuclear do átomo exibe certas afinidades com o psíquico, afinidades que, alegou, haviam afetado até mesmo os físicos (OC 14, § 164) (p. 218).

Elkaïm (1996), que sofreu uma grande influência de Prigogine (1984) – estudioso de física e química que recebeu o Nobel de Química –, afirma:

> O que aprendi da perspectiva de Prigogine foi crucial. Ele estava trabalhando sobre sistemas afastados do equilíbrio, sistemas nos quais havia mudanças e nos quais as regras intrínsecas desempenhavam um papel muito maior que as leis gerais. Além disso, elementos aparentemente insignificantes podiam, em certas circunstâncias, ser amplificados até produzir uma mudança drástica no sistema. Este enfoque nos permitiu seguir operando segundo uma modalidade sistêmica, mas introduzindo a noção do tempo (p. 206).

A nova visão dos sistemas passa a incluir não só o sujeito, mas também a ideia de que o tempo modifica o sistema, como ressalta Santos (2001):

> [...] Convergentemente, assiste-se a um renovado interesse pelo inconsciente coletivo, imanente à humanidade no seu todo, de Jung. Aliás, Capra pretende ver as ideias de Jung, sobretudo a ideia da sincronicidade para explicar a relação entre a realidade exterior e a realidade interior, confirmadas pelos recentes conceitos de interações locais e não locais na física das partículas. Tal como na sincronicidade junguiana, as interações não locais são instantâneas e não podem ser previstas em termos matemáticos precisos. Não são, pois, produzidos por causas locais e, quando muito, poder-se-á falar da causalidade estatística (p. 39).

As semelhanças entre as ideias de Jung – quanto à sincronicidade – e as de Elkaïm – quanto à ressonância – derivam do fato inegável de que ambos os conceitos resultam da continuidade psique/matéria, ou sujeito/objeto, de sua não separação. Tanto Jung quanto Elkaïm foram influenciados pelos conceitos da mecânica quântica que transformaram toda uma visão de mundo. Nesse novo paradigma, o chamado paradigma da complexidade (Morin, 1996), sujeito e objeto compreendem um todo inseparável.

O fenômeno da ressonância ocorreria, para Elkaïm, quando diferentes elementos dentro do sistema, com suas características específicas, fazem uma inter-relação devido à constelação de um tema comum. Entendo a ressonância, portanto, como um efeito no mundo externo (dos sistemas), de condições subjetivas dos sujeitos dentro desses sistemas. Há uma superposição de fenômenos subjetivos, inconscientes com efeitos materiais, objetivos, externos, impensáveis dentro de uma lógica do paradigma cartesiano da modernidade. Para dar conta do fenômeno da ressonância, temos de lançar mão do paradigma da complexidade.

Também com relação às proposições de Jung quanto ao fenômeno de sincronicidade, há uma inter-relação subjetividade/mundo externo, que não se explica pelo paradigma da modernidade. Isso porque a visão da modernidade concebe o mundo como fixo, carente de sentido, que lhe será dado pela ciência.

Muitos autores se sucederam a Thomas Khun (1998) e sua obra *A estrutura das revoluções científicas*. Esses autores, os pós-khunianos, preocupam-se com o paradigma da complexidade, e hipóteses como sincronicidade ou ressonância pertencem a esse novo paradigma.

Na teoria sistêmico-construtivista, os teóricos dizem que qualquer observação sobre a realidade é primariamente uma afirmação sobre o observador. A separação sujeito/objeto não é mais tão importante. Em vez disso, o construtivismo percebe o conhecimento como um aspecto da interação.

Na terapia individual, o terapeuta deve estar consciente do sistema terapeuta-paciente, já que ele não é somente um mero observador, mas sim um coparticipante na construção da realidade. O observador se torna parte do observado. E para Jung, também, a relação terapêutica é comparável a duas substâncias que se misturam na retorta do alquimista para chegar a uma transformação.

Hoje o terapeuta se vê forçado a sair da neutralidade e a trabalhar muito mais a contratransferência. Quando sonhamos com um paciente, por exemplo, ele representa um aspecto nosso, que também pertence à psique do paciente.

Sem dúvida a teoria sistêmica associada à visão junguiana tem me ajudado bastante em meu trabalho clínico. E uma coisa todos nós sabemos: alguns pacientes não toleram fazer uma análise em profundidade. Toleram apenas uma terapia de apoio. Jung, na introdução de seu livro *Psicologia e alquimia* (OC 12, § 3), diz que a terapia pode ser válida mesmo quando termina "depois que o indivíduo recebeu um bom conselho", sem necessariamente seguir o padrão de várias vezes por semana durante alguns anos.

Na época atual, com o declínio dos valores morais, com a dissolução da família, com a violência social e com a insegurança econômica, a ansiedade é, sem dúvida, crescente. A profissão de psicoterapeuta pode ser um espaço privilegiado para alguém vivenciar a experiência humana autêntica e pessoal do encontro e da solidariedade com o outro e consigo mesmo.

Não existe outro campo profissional que tenha dedicado tanto estudo, tanta inteligência e tanto empenho para fazer um trabalho humano em um mundo cada vez menos humano. Os psicoterapeutas são muito necessários para manter neste mundo o espírito de vida, de sensibilidade humana, que sem dúvida estaria muito pior sem essa ajuda.

Referências

Adler, G., & Jaffé, A. (1975). *C. G. Jung letters* (Vol. 1). Princeton.

Andolfi, M. (1981). *A terapia familiar*. Vega.

Andresen, S. de M. B. (1947). *Dia do mar*. Caminho.

Bateson, G. (1972). *Steps to an ecology of the mind*. Ballantine Books.

Bateson, G., Jackson, D., Haley, J., & Weakland, J. (1956). Towards a theory of schizophrenia, *Behavioral Science, 1*, 251-264.

Bertalanffy, L. (1968). *General systems theory*. George Braziller.

Boechat, P. (1990). *Aspectos da psicoterapia familiar e suas relações com a psicologia de Jung* [Monografia de conclusão do Curso de Formação de Analistas Junguianos pela Sociedade Brasileira de Psicologia Analítica – SBPA]. Rio de Janeiro.

Boechat, P. (2001). *Articulações entre a terapia familiar sistêmica e a psicologia analítica* [Dissertação de mestrado do Departamento de Psicologia da PUC-RJ].

Brandão, J. S. (1986). *Mitologia grega* (Vol. 1). Vozes.

Brandão, J. S. (1987). *Mitologia grega* (Vol. 2). Vozes.

Brandão, J. S. (1991). *Dicionário mítico-etimológico* (Vol. 2). Vozes.

Buarque, C., & Boal, A. (1976). Mulheres de Atenas. In *Meus Caros Amigos* [LP]. Philips.

Cannon, W. B. (1932). *Wisdom of the body*. W.W. Norton and Co.

Clarke, J. J. (1993). *Em busca de Jung – Indagações históricas e filosóficas*. Ediouro.

Edinger, E. F. (1989). *Ego e arquétipo*. Cultrix.

Elkaïm, M. (1990). *Se você me ama, não me ame – Abordagem sistêmica em psicoterapia familiar e conjugal*. Papirus.

Elkaïm, M. (Org.) (1998). *Panorama das terapias familiares* (Vol. 1 e 2). Summus.

Ellenberger, H. F. (1974). *À la découverte de l'inconscient*. Simep.

Eurípedes (2004). *Medeia*. Martin Claret.

Féres-Carneiro, T. (1996). *Família: Diagnóstico e terapia*. Vozes.

Foerster, H. (1984). On constructing a reality. In P. Watzlavick (org.), *The invented reality-how do we know what we believe we know? Contributions to Construtivism*. Norton.

Gergen, K. (1994). *Realities and relationships: Soundings in social construction*. Harvard University Press.

Guggenbühl-Craig, A. (1980). *O abuso do poder na psicoterapia*. Achiamé.

Haley, J. (1963). *Strategies of psychotherapy*. Grune & Straton.

Haley, J. (nov. 1959). An interactional description of schizophrenia. *Psychiatry 22*(4), 321-322.

Heisenberg, W. (1971). *Physics and Beyond*. Allen and Unwin.

Henderson, J. (1990). The cultural unconscious. In *Shadow and Self: Selected papers in analytical psychology* (pp. 103-113). Chiron.

Hillman, J. (1999). *The myth of the family* [Audiobook]. BetterListen.

Jackson, D. D. (1957). The psychiatric quarterly suplement, 31, Part1: 79-90. New York State Department of Mental Hygiene.

Jackson, D. D. (Org.) (1968). *Therapy, communication and change*. Science and Behavior Books.

Jackson, D. D. (1959). Family interaction, family homeostasis and some implications for conjoint family psychotherapy. In J. H. Masserman (org.), *Individual and familial dynamics* (pp. 122-141). Grune & Straton.

Jacoby, M. (1971). *Estruturação e fragilidades do ego* [Tradução da apostila de curso ministrado no Instituto C.G. Jung de Zurique]. C.G. Jung Institute Zurich.

Jaffé, A. (1972). *From the life and work of C.G. Jung.* Hodder and Stoughton.

Júdice, N. M. G. (2010). *Guia de conceitos básicos.* Leya.

Jung, C. G. (1996). *The psychology of kundalini yoga: Notes of the seminar given in 1932 by C. G. Jung.* (S. Shamdasani, Ed.). Princeton University Press.

Jung, C. G. (2011). *A natureza da psique* (OC 8/2). Vozes.

Jung, C. G. (2011). *A prática da psicoterapia* (OC 16/1). Vozes.

Jung, C. G. (2011). *Aion – Estudos sobre o simbolismo do si-mesmo* (OC 9/2). Vozes.

Jung, C. G. (2011). *Arquétipos do inconsciente coletivo* (OC 9/1). Vozes.

Jung, C. G. (2011). *Estudos experimentais* (OC 2). Vozes.

Jung, C. G. (2011). *O desenvolvimento da personalidade* (OC 17). Vozes.

Jung, C. G. (2011). *O eu e o inconsciente* (OC 7/2). Vozes.

Jung, C. G. (2011). *Psicologia e alquimia* (OC 12). Vozes.

Jung, C. G. (2011). *Símbolos de transformação* (OC 5). Vozes.

Jung, C. G. (2011). *Sincronicidade* (OC 8/3). Vozes.

Jung, C. G. (2011). *Tipos psicológicos* (OC 6). Vozes.

Jung, C. G. (2012). *Ab-reação, análise dos sonhos e transferência* (OC 16/2). Vozes.

Jung, C. G. (2013). *A vida simbólica* (OC 18/2). Vozes.

Jung, C. G. (2014). *Seminários sobre análise de sonhos – Notas do seminário dado em 1928-1930 por C. G. Jung*. Vozes.

Jung, C. G., & Jaffé, A. (1978). *Memórias, sonhos e reflexões* (3. ed.). Nova Fronteira.

Jung, C. G., & Pauli, W. (1955). *The Interpretation of Nature and the Psyche*. Pantheon Books.

Jung, C. G., & Wilhelm, R. (1983). *O segredo da flor de ouro*. Vozes.

Kalff, D. (1980). *Sandplay, a psychotherapeutic approach to the psyche*. Sigo.

Kantor, D., Duhl, F., & Duhl, B. S. (1973). Learning space and action in family therapy – A primer of sculpture. In D. A. Bloch (org.). *Techniques of family psychotherapy*. Grune and Stratton.

Kerényi, C. (1975). *Zeus and Hera, Archetypal image of father, husband and wife*. Princeton University Press.

Kuhn, T. S. (1998). *A estrutura das revoluções científicas*. Perspectiva.

Kurosawa, A. (Diretor). (1960). *Homem mau dorme bem* [Filme]. Kurosawa Production, Toho Co., Ltd.

Mattoon, M. A. (1981). *Jungian psychology in perspective*. The Free Press.

Maturana, H. & Varela, F. (1995). *A árvore do conhecimento*. Editorial Psy.

Maturana, H. (2001). *Cognição, ciência e vida cotidiana*. Editora UFMG.

Maturana, H., & Varela, F. (1977). *De máquinas e seres vivos, autopoiese: a organização do vivo*. Artes Médicas.

McGuire, W., & Hull, R. F. C. (1982). *C. G. Jung, entrevistas e encontro*. Cultrix.

Morin, E. (1996). A noção de sujeito. In D. F. Schnitman (Org.). *Novos paradigmas, cultura e subjetividade*. Artes Médicas.

Nagy, M. (1991). *Philosophical issues in the psychology of C.G. Jung*. State University.

Piaget, J. (1937). *La construction du réel chez l'enfant*. Delachaux et Niestlé.

Prigogine, I. (1988). *O nascimento do tempo*. Edições 70.

Prigogine, I., & Stengers, I. (1984). *A nova aliança, a metamorfose da ciência*. Universidade de Brasília.

Prigogine, I., & Stengers, I. (1992). *Entre o tempo e a eternidade*. Cia. das Letras.

Progoff, I. (1973). *Jung, sincronicidade e destino humano*. Cultrix.

Samuels, A. (1985). *Jung and the Post-Jungians*. Routledge and Kegan Paul.

Samuels, A., Shorter, B., & Plaut, F. (1988). *Dicionário crítico de análise junguiana*. Imago.

Santos, B. de S. (2000). *A crítica da razão indolente*. Cortez.

Santos, B. de S. (2001). *Um discurso sobre as ciências*. Afrontamento.

Schnitman, D. F. (Org.) (1996). *Novos paradigmas, cultura e subjetividade*. Artes Médicas.

Shamdasani. S. (2005). *Jung e a construção da psicologia moderna – O sonho de uma ciência*. Ideias & Letras.

Shields, B. (2006). *Depois do parto, a dor*. Ediouro.

Silveira, N. da. (1968). *Jung: vida e obra*. Paz e Terra.

Simon, F. B. (1984). *Der Prozeß der Individuation: Über den Zusammenhang von Vernunft und Gefühlen*. Vanderhock und Ruprecht.

Simon, F. B. (1995). Perspectiva interna e externa – Como aplicar o pensamento sistêmico ao cotidiano. In P. Watzlawick, & P. Krieg. *O olhar do observador*. Psy II.

Simon, F. B., Stierlin, H., & Wynne, L. C. (1985). *The language of family therapy: A systemic vocabulary and sourcebook*. Family Process.

Simon, F.B. (1983). Die Evolution Unbewusster Strukturen. *Psyche 37*, 520-554.

Slater, P. E. (1971). *The glory of Hera*. Beacon.

Stein, M. (1992). *C. G. Jung, seu mito em nossa época*. Cultrix.

Stein, M. (2000). *Jung, o mapa da alma – Uma introdução*. Cultrix.

von Franz, M.-L. (1980). *Adivinhação e sincronicidade – A psicologia da probabilidade significativa*. Cultrix.

von Glaserfeld, E. (1984). An Introduction to Radical Constructivism. In P. Watzlawick, *The Invented Reality*. Norton.

von Trier, L. (Diretor). (1988). *Medea* [Filme]. Danmarks Radio.

Watzlavick, P., Beavin, J. H., & Jackson, D. D. (1967). *Pragmatics of human communication: A Study of interactional patterns, patologies and pardoxes*. W. W. Norton.

Watzlawick, P. (1963). A review of the double-bind theory. *Fam Proc 2*, 132-153.

Watzlawick, P. (Org.) (1984). *The invented reality – How do we know what we believe we know? Contributions to construtivism*. Norton.

Watzlawick, P., & Krieg, P. (Orgs.) (1995). *O olhar do observador – Contribuições para uma teoria do conhecimento construtivista*. Psy II.

Watzlawick, P., Beavin, J. H., & Jackson, D. D. (1967). *Pragmática da comunicação humana*. Cultrix.

Whitmont, E. (1990). *A busca do símbolo*. Cultrix.

Assessoria: Dr. Walter Boechat

Veja todos os livros da coleção em

livrariavozes.com.br/colecoes/reflexoes-junguianas

ou pelo Qr Code

Conecte-se conosco:

- **f** facebook.com/editoravozes
- **◉** @editoravozes
- **𝕏** @editora_vozes
- **▶** youtube.com/editoravozes
- **☏** +55 24 2233-9033

www.vozes.com.br

Conheça nossas lojas:

www.livrariavozes.com.br

Belo Horizonte – Brasília – Campinas – Cuiabá – Curitiba
Fortaleza – Juiz de Fora – Petrópolis – Recife – São Paulo

EDITORA VOZES LTDA.
Rua Frei Luís, 100 – Centro – Cep 25689-900 – Petrópolis, RJ
Tel.: (24) 2233-9000 – E-mail: vendas@vozes.com.br